Verlag Die Hanse

HAFEN PORT OF HAMBURG

PANORAMEN UND REPORTAGEN

FOTOS UND KONZEPT: EBERHARD PETZOLD

TEXTE: BIRGIT MÜLLER

MIT EINEM VORWORT VON RALPH GIORDANO

ENGLISCHE VERSION VON LORRAINE J. E. RIACH

Verlag Die Hanse

Für viele Anregungen zu diesem Buch
danke ich Michael Hubatsch.
E.P.

Umschlaggestaltung: atelier freilinger & feldmann, Hamburg
Foto © Eberhard Petzold
Herstellung: Das Herstellungsbüro, Hamburg
Layout und Satz: Rüdiger Mohrdieck, Hamburg
Druck und Bindung: Clausen & Bosse, Leck
Printed in Germany
ISBN 3-434-52587-4

VORWORT

von RALPH GIORDANO

Die ersten Erinnerungen an den Hamburger Hafen sind für mich, Jahrgang 1923, fast so alt wie ich selbst – auf jeden Fall noch vorschulisch. Es gibt ein biographisches Merkmal dieser Art von Urinteresse: Wenn mein Großvater väterlicherseits mich als Kind aus der elterlichen Wohnung in die Hohelufter Roonstraße zum Verbleib am Wochenende abholte, dann ging es mit der Hochbahn dahin nicht etwa über die kurze Strecke Bahnhof Barmbek–Kellinghusenstraße–Hoheluft, sondern über die viel längere des Rings – also am Hafen vorbei! Je näher ihm der Zug dabei kam, aus dem Tunnel des Rödingsmarkts hervor auf die hoch gelegenen Gleise, um dann vor dem Baumwall scharf nach rechts einzubiegen, desto platter presste ich meine Nase gegen die Scheibe auf der linken Seite – war er nun doch gekommen, der große Augenblick: Das ganze Universum des Welthafens – mir zu Füßen!

Die bulligen Schlepper auf dem unruhigen Spiegel der Norderelbe, widerwillig schuftend und schwarzdicke Rauchwolken auspaffend; die wuselige Vielzahl der Barkassen, jede von ihnen eine weiße Bugwelle vor sich herschiebend; die grün-behäbigen Fährschiffe der HADAG; die gewaltigen Rümpfe und Aufbauten der großen Passagierdampfer – die »Albert Ballin« oder die »Hamburg« von der Hapag; die »Monte Sarmiento«, »Monte Pascoal« oder »Monte Rosa« mit den rot-weißen Schornsteinen der Hamburg-Südamerikanischen; an der Überseebrücke die mächtige »Cap Arcona« und irgendwann, Anfang der 30er Jahre, unvergessene Momentaufnahme, die durch einen Unglücksfall fast völlig ausgebrannte »Europa«, Schwesternschiff der »Bremen«, düster vor sich hin köchelnd.

Immer aber vorn die Front der Landungsbrücken, damals noch hölzerne Pontons, auf und ab schaukelnd nach dem Gesetz der Tide und überragt von Uhrturm und Pegelanzeiger, gleichsam Wächtern des grandiosen Panoramas. Dahinter das eherne Buckelgewölbe des Elbtunneleingangs nach Steinwerder hinüber und am gegenüberliegenden Ufer, scharf abgehoben vom Hintergrund der Harburger Berge und ihrer Silhouette, die Phalanx der Hellinge und Werften, der Kais, der Kräne und der Stapelhallen. Aus all dem heraus aber, bis zu mir hoch auf dem Bahnsteig Landungsbrücken, die Schläge von Metall auf Metall, das Krachen der Nietenhämmer. Und all das nun vereint zu einem einzigen Organ, einer mächtigen Akustik – der Stimme des Hamburger Hafens!

Dann, mittendrin und Höhepunkt des Erlebbaren, die Hafenrundfahrt, die Große oder Kleine, trotz der Übelkeit durch das ständige Schaukeln auf dem unruhigen Spiegel eine maritime Herrlichkeit. Die riesigen Schiffsleiber nun beängstigend nahe; Stahltrossen, Anker, ungeheure Schrauben, beinahe zum Anfassen; Finkenwerder rechts, Blohm + Voss links; Einfahrt in den Köhlbrand; und währenddessen von allen Seiten her das »Hei lücht!« (»Er lügt!«) auf die bordeigenen Erklärungen und Informationen des Geschauten.

Ja, Hamburger Hafen! – Das war die Wonne schon meiner Kindheit, das oberste Ausflugsziel, Verklärung bis zum jeweils nächsten Besuch, mochte er manchmal auch lange auf sich warten lassen.

Aber das hatte immer sein urbanes Ambiente, ein größeres Einzugsgebiet sozusagen, und war nicht separiert. Dazu gehörte, mit Standort auf der Lombardsbrücke, die Phalanx der Hamburger Kirchen und Türme – von St. Katharinen über die Jakobi-, die Petri- und die Nikolaikirche bis zum eigentlichen Wahrzeichen der Stadt, dem Michel, ein von dem kleinen Jungen damals angestauntes Ungeheuer der Vorzeit, kupferverwittert, grün schillernd und narbig. Dazu gehörten die Fleete, die nassen Korridore zwischen Alster und Elbe; die Schuten darauf mit ihren Lasten; die steilen Kontorhäuser zu beiden Seiten. Ebenso wie die große Schleuse an den Alsterarkaden und, natürlich, die Speicherstadt, sagenumwoben, zeitweise stark duftend und mit ihren geöffneten Schlünden und den hochgehievten Warenballen stets voller Leben. Nicht zu vergessen der kilometerweite Blick über das majestätische Band der Unterelbe von der Empore des Hirschparks aus; das Obstgebiet des Alten Landes drüben, sein flirrend weißes Blütenmeer zur Frühlingszeit; und auf dem Strom, bei Ebbe und bei Flut, Schiffe, Schiffe, Schiffe: Woher? – Von Schanghai, von Rio, von New York? Und wohin? – Nach London, Buenos Aires, Tanger?

Schließlich das Geestufer von Blankenese und Dockenhuden, der Süllberg, mit dem Turm obendrauf als Diadem – das Ganze unten vom Ufer her, wenngleich eindrucksvoller noch vom Wasser aus, ein bei Sonnenschein geradezu mediterraner Anblick. All das gehörte für mich als Kind (wie heute noch) ebenfalls zum »Hafen«. Aber dann, später, kamen auch andere Bilder.

Kam die hakenkreuzbewimpelte »Wilhelm Gustloff«, ausgegeben als Flaggschiff der *Kraft-durch-Freude*-Flotte, »Volksgenossen« an südliche Strände schippernd, tatsächlich aber schon als Truppentransporter konstruiert. Kam der »Führer« zu Stapelläufen von gänzlich ungetarnten Kriegsschiffen in den Hamburger Hafen, hoch schwebend über Werftarbeitern, die ihm zujubelten und »Heil!« riefen (bis auf einen, der, weltberühmtes Foto, inmitten all der Hunderte und Aberhunderte zum Hitlergruß ausgestreckten Arme die seinen über der Brust verschränkt hielt – bravo, tapferer Mann, bravo!). Und es kam schließlich – Sturm nach dem Wind, den Hitlerdeutschland gesät hatte – auch die britische Royal Air Force und ihr US-amerikanisches Bomberpendant mit Tod und Verderben über Hamburgs Hafen.

Nie werde ich das Schreckensbild am Morgen nach dem ersten der vier schweren Nachtangriffe, dem vom 24. auf den 25. Juli 1943, vergessen – unter dem rauch- und qualmverhangenen Himmel, der kein Licht mehr durchließ, gefällte Kräne, halb aus dem Wasser ragende Wracks, zerschmetterte Pontons, wie Papier zerrissene Hellinge, Gebäude ohne Dächer oder nichts als glimmende Trümmerhaufen. Es heißt, insgesamt sollen bis 1945 mehr als einhundert Angriffe auf den Hafen geflogen worden sein.

Einer davon wird für immer in meiner Erinnerung bleiben. Kraftwerk Neuhof, Herbst 1944. Nach dem Alarmton haste ich mit anderen aus rassischen Gründen Zwangsverpflichteten auf den Schutzraum unterhalb eines riesigen Schornsteins zu – und stürze. In dem Moment fällt auch schon, sehr nahe, die Bombe. Ich sehe und höre, alles in Bruchteilen einer Sekunde, fauchende Flammen an einer zerborstenen Leitung auf mich zufegen, eine Wolke von höllischer Hitze – die mich aber nicht erreicht. Ein harter, trockener Schlag, Splittergeprassel gegen den Schornstein und ein Luftdruck, der mich an die Erde presst – eine zweite Bombe hatte das Feuer ausgepustet. Ringsum, weit über das Hafengelände hin, Brand, Rauch, Trümmer. Wer könnte da nicht begreifen, was in mir vorgeht, wenn ich Hamburgs Hafen heute besuche?

Sooft ich mit der Bahn oder mit dem Auto von Süden komme, die Elbbrücken überquere und auf dieses unglaubliche Bild des modernen Hafens stoße, auf seine Rhythmik und Metrik, auf dieses verwirrende und doch geordnete Ensemble der Technik und ihres Containersystems, dann kann ich, der doch wahrlich nicht zur Computergeneration und zum Digitalzeitalter zählt, mich einer fast beunruhigenden Bewunderung nicht entziehen. Und das, obwohl ich noch das Lied von der stolzen »Hammonia«:

»o wie so herrlich stehst du da,
mit deiner Türme Hochgestalt
und deiner Schiffe Mastenwald«

vor mich hin summen kann. Und wenn ich dann auch noch das Filigran der hochgewölbten Köhlbrandbrücke sehe, ist es um mich geschehen.

Nein, es darf nie viel Zeit vergehen, bis ich wieder die Pontons der Landungsbrücken betrete, mir dort »Scholle auf Finkenwerder Art« zubereiten lasse; nach Steinwerder hinüberschaue; die »Wappen von Hamburg« beäuge; die bereits vertäuten wie auch die ein- und auslaufenden Schiffe nach ihren Bruttoregistertonnen oder ihrer Wasserverdrängung abschätze und in regelmäßigen Abständen zur Station Landungsbrücken hochblinzle. Und das mit Gedanken, die nun jeder, der sich der Lektüre dieses Vorworts unterzogen hat, ein bisschen kennt und hoffentlich auch verstehen wird.

Seit ich zum ersten Mal von dort oben trotz platt gedrückter Nase die Aufregung dieses amphibischen Großfreskos in mich eingesogen habe, hat sich Hamburgs Hafen wieder und wieder verändert. Und wird das, mit der Zeit gehend, auch weiter tun. Dennoch, eingefasst zwischen dem Bismarck-Denkmal über der Helgoländer Allee und der stillgelegten Süderelbe – das Urbild seiner Topographie wird immer das gleiche bleiben. Wie bei Flut der Seegeruch – obwohl das Meer doch hundert Kilometer entfernt ist …

Eingang alter Elbtunnel | Landungsbrücken | Museumsschiff »Rickmer Rickmers« | St. Michaeliskirche (»Michel«)

»Cap San Diego« | Überseebrücke | Yachthafen | Turm der Ruine St. Nikolai | Kehrwiederspitze

HANSEATIC

DER HAFEN IM HERZEN DER STADT

Der Luxusliner »Hanseatic« vor Blankenese
und dem Süllberg

Im Abendlicht begrüßen die Uhren der Lotsenstation auf dem »Seemannshöft« und des »Michel« die hereinfahrenden Schiffe

Villen und der Elbstrand säumen den Weg der Schiffe

FEEDERSC

Auf den Landungsbrücken befindet sich eine von elf Radarstationen, mit deren Hilfe sich die Schiffe im Raum Hamburg orientieren können

Im Museumshafen von Övelgönne liegt das ausgediente Feuerschiff »Elbe 3« gegenüber dem hochmodernen Containerterminal Burchardkai

In ihrem Vorgarten am Övelgönner
Elbufer erzählt Herta Lührs ihrem Enkel
und dessen Freundin Geschichten
von früher

»WIE OP'M DÖRPN«

Herta Lührs über Övelgönne, Elblotsen und Schiffe

Herta Lührs ist mehr als erstaunt. »Was, ich?« Beim besten Willen kann sie nicht verstehen, warum sie zum Hamburger Hafen interviewt werden soll. »Also, ich weiß doch nun wirklich nichts!« Abgesehen davon, dass es in Hamburg vermutlich niemanden gibt, der »wirklich nichts« über den Hafen weiß, stimmt das bei ihr auf keinen Fall. Die 80-Jährige lebt in Övelgönne und stammt aus einer Familie, in der Vater, zwei Onkel und beide Großväter Elblotsen waren – und sie interessiert sich für jedes Schiff, das sie von ihrem Fenster aus sehen kann.

Gerade schiebt sich ein Frachter auf der Elbe vorbei. Herta Lührs steht aus ihrem Sessel auf und tritt ans Wohnzimmerfenster. »Ein Evergreen«, sagt sie mit Kennerblick. Früher hätte sie das Schiff der taiwanesischen Reederei schon am kräftigen Ton des Typhons, wie die Schiffshupe genannt wird, erkannt. Besonders gern mag sie die sonore Hupe der Hapag-Lloyd-Giganten. »Leider tuten die Schiffe nur noch ganz selten.«

Faszinierend findet es Frau Lührs, dass viele Schiffe heutzutage nur noch einen oder zwei Schlepper brauchen, wo früher vier nötig waren. »Die Schiffe sind inzwischen viel wendiger. Das liegt, glaube ich, am Bugstrahlruder.«

Natürlich weiß sie auch schon längst, dass es sich bei diesen Schleppern um Hamburger handelt und nicht um Holländer. »Wenn es Holländer wären, hätte ich es schon am lauteren Maschinengeräusch gehört«, sagt sie. Dass die Holländer den Alteingesessenen Konkurrenz machen und

Auch bei dichtem Nebel werden die Schiffe von Lotsen und der Verkehrsleitzentrale sicher an ihren Platz im Hafen geleitet

ihre Dienste billiger anbieten, findet Frau Lührs nicht in Ordnung. Sie ist nicht die Einzige. Der »Schlepperkrieg« beschäftigte die ganze Küste. Wieder einmal ging es um Subventionen. Die EU erlaubt es den Mitgliedsstaaten, ihre Seeschiffe zu unterstützen, damit sie im internationalen Wettbewerb mithalten können. In den Niederlanden bekamen auch die Schlepper diese Subventionen, in Deutschland nicht. Dass die Subventionen nicht dafür gedacht sind, andere europäische Häfen zu unterbieten, haben auch die Niederländer eingesehen und die Subventionen gestrichen.

Frau Lührs kann auch bei Eis, Schnee und Sturm »ihre« Schiffe beobachten, theoretisch jedenfalls. Denn die Elbe gehört zu den Revieren, die bei jedem Wetter befahrbar sind. Per Radar wird der gesamte Fluss überwacht. Bei schlechtem Wetter sitzen zusätzlich Elblotsen an den Monitoren und halten Kontakt.

Einige Schiffe dürfen auf einen Lotsen verzichten. Bei einem Schiff unter 120 Meter Länge genügt es, dass der Kapitän eine bestimmte Anzahl von Reisen auf dem Revier nachweisen kann; bei größeren Schiffen muss zusätzlich eine Prüfung absolviert werden.

Obwohl die Elbe als schwierig zu befahren gilt, können sich die Lotsen nicht daran erinnern, dass es in den vergangenen Jahren einen Unfall gegeben hätte. Die Anforderungen an Neulinge sind hoch: Kapitänspatent auf Großer Fahrt und Berufserfahrung als Kapitän sind Voraussetzung, und immer wieder wird am Simulator »trainiert«. Ganz wichtig ist auch eine charakterliche Eignung. »Denn manchmal muss ein Lotse wichtige Entscheidungen treffen«, sagt Michael Nicolaisen, stellvertretender Obmann der Lotsenbrüderschaft Elbe, »und zwar innerhalb weniger Sekunden.«

Deshalb haben die mehr als 300 Elb- und Hafenlotsen auch so einen guten Ruf, und deshalb findet es Frau Lührs auch so traurig, dass weder ihre Söhne noch ihre Enkel in die Fußstapfen ihrer Vorfahren treten.

Die Zahl der Lotsen ist in den vergangenen Jahren drastisch gesunken; das hat auch Auswirkungen auf Övelgönne.

»Früher lebten hier fast nur Elblotsen, wir kannten uns alle, und die meisten waren auch noch miteinander verwandt. Das war wie op'm Dörpn.« Überhaupt früher: Da hatte jeder ein Boot. »Wir waren als Kinder mehr auf

dem Wasser als an Land.« Wo heute eine Raffinerie und das Airbus-Gelände angesiedelt sind, gab es einen Strand und eine Schilfwüste. »Das war mein Paradies«, sagt sie, und Wehmut klingt in ihrer Stimme. »Das bisschen Strand« heute ist für sie nicht wirklich der Rede wert. Die meisten Hamburger sehen das anders. Sie kommen aus allen Himmelsrichtungen, um vor Frau Lührs' Haustür spazieren zu gehen. Wo sonst, wenn nicht am Elbstrand, kann man sich dem Meer so nah glauben!

Im Grunde sieht das Herta Lührs ähnlich. Und dennoch: Ist doch nicht schön, dass dort, wo sie als Kind spielte und rumschipperte, jetzt alles verbaut ist. Sogar ein ganzes Dorf, Altenwerder, musste geräumt werden, damit Hamburg einen Megaterminal bauen und im Wettbewerb der Großhäfen mithalten kann. »Vielleicht ist das ja wichtig für die Zukunft des Hamburger Hafens und für die Arbeitsplätze«, sagt sie. »Aber für die Bewohner von Altenwerder ist das ganz schön schmerzlich.« Herta Lührs kann sich nicht vorstellen, irgendwann einmal ihr »Dorf« zu räumen. Auch nicht für ihren geliebten Hafen.

Ein wenig traurig ist sie darüber, dass so viele Alteingesessene Övelgönne verlassen haben. Die Neu-Övelgönner, die die inzwischen teuren Immobilien erstanden haben, »bleiben oft nicht lange«. Sofern eine Dame Schadenfreude empfinden kann, schwingt ein Hauch davon mit, als sie von den Tücken des Alltags am Strand erzählt: keine Möglichkeit, mal eben einkaufen zu gehen oder das Auto vor der Tür zu parken. Sie ist ziemlich stolz darauf, dass sie es in ihrem Alter noch schafft, die hundert und mehr Stufen der Himmelsleiter zu erklimmen. Die Steintreppe, die Övelgönne mit dem Rest der Welt verbindet, ist sogar für junge Menschen ziemlich beschwerlich.

Wieder taucht ein Schiff auf, und natürlich kann sich Herta Lührs den Anblick nicht entgehen lassen. Neulich ist sie sogar mitten in der Nacht aufgestanden, weil ein Frachter vor ihrem Fenster gedreht wurde. »Der kam so dicht ran, dass ich schon dachte, der bleibt hier hängen. Ich war wie gebannt.«

Dass die Scheinwerfer sie nachts oft wecken, macht ihr nichts aus. Im Gegenteil. »Ich werde nie müde, die Schiffe zu beobachten. Da spielt auch die Tageszeit keine Rolle.«

Aber eine klitzekleine kritische Anmerkung will sie noch loswerden. Es geht um die ständigen Auseinandersetzungen darüber, die Elbe mehr und mehr auszubaggern, weil die großen Schiffe immer mehr Tiefgang haben. »Was ich ja nicht verstehe: Warum soll sich der Strom nach den Schiffen richten und nicht die Schiffe nach dem Strom?«, sagt sie. »Ich meine, es müsste doch für die Werften ein Leichtes sein, entsprechende Schiffe zu entwickeln – wenn man denn wollte.«

P&O NEDLLOYD

Im abendlichen Streiflicht erkennt man deutlich die Stahlplatten, aus denen die Containerriesen zusammengeschweißt sind

Die mächtige Schiffsmaschine besteht aus 12 Zylindern mit 74 640 PS und verbraucht circa 200 Tonnen Kraftstoff am Tag

Kapitän Mischa Richter auf seiner
High-Tech-Schiffsbrücke

»VERGLEICHBAR MIT EINEM JUMBO-JET«

Kapitän Mischa Richter über Containerriesen, Tradition und die Häfen der Welt

Von Rotterdam bis Hamburg hatte dichter Nebel geherrscht. 18 Stunden hatte Mischa Richter auf der Brücke gestanden. Ein paar Stunden Schlaf, und der Kapitän ist wieder fit. Aufmerksam beobachtet er, wie Container für Container gelöscht wird. Seine »P&O Nedlloyd Torres« mit ihren 277 Meter Länge, 40 Meter Breite und einem Fassungsvermögen von 5700 TEU gehört zu den größten Containerschiffen, die den Hamburger Hafen anlaufen. In nicht einmal 24 Stunden werden er und seine 22-köpfige Crew wieder in See stechen – über Rotterdam, Southampton nach Asien und zurück.

Richter sieht aus, wie man sich einen Kapitän vorstellt: ruhig, souverän und natürlich in Uniform. Darauf legt der 40-Jährige auch allerhöchsten Wert. »Traditionsbewusstsein« nennt er das. Schon sein Vater und Großvater waren Kapitäne. Tradition ist das eine, moderne Containerriesen das andere. Wie beim Autofahren sei das: »Wenn man einmal einen größeren Wagen gefahren hat, steigt man nicht wieder auf einen kleinen um.«

Ihn fasziniert, wie leicht der Containerriese zu führen und mit welcher Elektronik er ausgerüstet ist. »Vergleichbar mit einem Jumbo-Jet«, sagt Richter. »Wir sind doppelt und dreifach abgesichert.« Etwas anachronistisch nimmt sich bei derlei High Tech allerdings der Sextant aus, der auf der Brücke nicht fehlen darf. »Wenn trotzdem mal alles zusammenbricht, müssen wir eben mit herkömmlichen Mitteln die Position bestimmen.« Und natürlich hat auch das wieder etwas mit Tradition zu tun. Wie die Schiffsglocke. »Geglast«, die halbe

HHLA
OOCL
P&O

Die »OOCL Los Angeles« kann bis zu 5762 Standardcontainer laden. Mit ihren 277 Meter Länge, 40 Meter Breite und 14 Meter Tiefgang gehört sie zu den großen Containerschiffen, die den Hamburger Hafen anlaufen

Stunde geschlagen, wird allerdings längst nicht mehr. Diese Tradition findet selbst Richter übertrieben. »Ich habe 1978 zum letzten Mal geglast, da war ich selbst noch Matrose.«

Andere Dinge an Bord sind jedoch geblieben wie früher. Immer noch hat der Kapitän »sein« Deck und seine Kammer unter der Brücke, damit er jederzeit die Führung übernehmen kann. Immer noch geht der Dritte Offizier abends die erste Wache, weil er in der Regel der Unerfahrenste ist. So lange bleibt der Kapitän wach, um nach dem Rechten zu sehen. »Um Mitternacht geht der Zweite Offizier, dann kann ich auch ruhig schlafen«, sagt Mischa Richter.

Mit 14 Meter Tiefgang kann die »P & O Nedlloyd Torres« nur bei auflaufend Wasser den Hafen verlassen. Aber Kummer dieser Art ist Richter gewohnt. »Hamburg ist nicht der einzige Hafen, in dem wir Probleme haben«, sagt er. Southampton, Rotterdam, selbst die Häfen in Asien wurden von der Entwicklung der Containerisierung und den größeren Schiffen mit größerem Tiefgang überrollt.

An seiner Asientour gefällt ihm, dass nur große Häfen angesteuert werden. Dort wird schnell und professionell gearbeitet. »Hongkong unterscheidet sich da kaum von Hamburg«, sagt der Kapitän. Und nirgends müssen Bestechungsgelder bezahlt werden – wie oft in ärmeren Ländern.

Die Asienroute ist allerdings nicht ungefährlich. Immer wieder werden Schiffe überfallen. Aber die »P & O Nedlloyd Torres« ist gut gegen Piraten gewappnet: Die Schiffswände sind sehr hoch, so dass die Männer nicht entern können – und der Containerriese ist mit 25 Knoten ziemlich schnell.

Acht Wochen dauert eine Tour. Im Verhältnis zu früher außerordentlich familienfreundlich. Natürlich findet er es manchmal schade, die Länder, die er bereist, nicht mehr wirklich kennen zu lernen. Wer maximal einen Tag in einem Hafen liegt, kann sich nur noch entscheiden, einkaufen oder essen zu gehen oder einen Ausflug zu machen. Alles auf einmal geht nicht mehr.

Aber nicht immer waren die Aufenthalte in fremden Häfen so romantisch, wie man sich das gerne vorstellt. In China beispielsweise lag Richter mit seiner Crew in früheren Zeiten zwei Monate vor Anker. Die Mannschaft durfte das Hafengelände nicht verlassen, geschweige denn Ausflüge in die Umgebung machen.

»Wie habe ich damals eigentlich die Zeit totgeschlagen?«, fragt sich Richter. Vermutlich mit den Dingen, die er heute in seiner Freizeit immer noch gerne macht: lesen, lesen, lesen. Während seine Kollegen und die Crew vor dem Videoapparat sitzen oder die Filipinos stundenlang Karaoke singen, zieht sich der Käptn gern »auf Kammer« zurück und bleibt für sich.

Leer bleibt meistens auch der Pool oder der Fitness-Raum. Wer sich tagsüber schon körperlich verausgabt hat, der hat abends genug davon. Denn trotz aller Technik und Elektronik: An Bord ist immer noch Handarbeit gefragt. Und zwar nicht nur, um die Messingverschläge zu putzen, die überall glänzen. »In der Maschine und auch an Deck ist alles aus Eisen und Stahl«, so Mischa Richter. »Wenn beim Laden oder Löschen irgendwo ein kleines Stück Farbe ausgeschlagen wird, fängt das schnell an zu gammeln. Da muss man ständig hinterher sein.« Die Handarbeit an Bord ist auch der Grund, warum um die 20 Seeleute gebraucht werden.

Mit seinen Leuten – die meisten sind Filipinos – ist Richter zufrieden. Zwar sind die Männer nicht so gut ausgebildet wie Seeleute aus europäischen Ländern. »Aber in den wenigsten außereuropäischen Ländern wird so gut ausgebildet wie bei uns, nicht mal in den USA.« Froh ist er, dass sein Reeder die Tarife der Internationalen Transportarbeiter Gewerkschaft (ITF) bezahlt. Was mehrere Vorteile hat: Ein Kapitän muss nicht befürchten, in jedem Hafen bestreikt zu werden, und seine Mannschaft ist motiviert. Dazu trägt der Kapitän selbst einiges bei. Neulich erst hat Richter, der nicht gerade ein Freund des Gesangs ist, einen Karaoke-Wettbewerb an Bord veranstaltet. Das Interesse war überwältigend, die Filipinos probten in jeder freien Minute. »Da wird der Mann zum Kind«, sagt Richter und schmunzelt. Die Stimmung war bestens. Darüber vergaß so mancher Seemann auch sein Heimweh. Denn während Richter nach vier Monaten Fahrt zwei Monate Landurlaub hat, müssen die meisten Filipinos neun bis zehn Monate warten, bis sie ihre Familien wiedersehen.

Eine Schwäche räumt auch der Kapitän ein, der sonst so souverän wirkt: Er ist »ein klein wenig« abergläubisch. »Auslaufen an einem Freitag, den 13.? Höchst ungern«, sagt Mischa Richter. »Ich habe auch keinen schwarzen Kater – sondern eine graue Katze.«

Für einen längeren Landgang ist heute kaum Zeit. Umso beliebter ist der Treffpunkt »Duckdalben«, das Seemannsheim in unmittelbarer Nähe der Kais. Hier gibt es einen Clubraum, einen Kiosk und Sportmöglichkeiten. Eine Besonderheit ist der Gebetsraum, in dem sechs Altäre das friedliche Nebeneinander der großen Weltreligionen ermöglichen

Die Zeit der genieteten Schiffe ist längst vorbei. Als der ehemalige Eisbrecher »Stettin« – heute ein Museumsschiff – überholt werden sollte, konnte man nur mit Mühe erfahrene ehemalige Nieter ausfindig machen

HAMBURG UND DIE REEDER

Modell und Wirklichkeit:
Reeder Erck Rickmers (2. v.l.)
und die Geschäftsführer der
E. R. Schiffahrt GmbH & Cie.
präsentieren den Typ eines
bestellten Containerschiffs.
Unter dem Namen »E. R. Stralsund«
verlässt der Neubau die Volkswerft
Stralsund. Kurze Zeit später läuft er
unter dem Charternamen »Maersk
Mendoza« in Hamburg ein

E.R. STRALSUND
HAMBURG

»WACHSTUM IST EHER DER NEBENEFFEKT ERFOLGREICHEN ARBEITENS«

Erck Rickmers über Containerschiffe, seine Reederei und Schiffsbetei igungen

Wir sind ein Service-Provider«, sagt Erck Rickmers, und das klingt, als ginge es um einen Internetzugang – und nicht um Schiffe. Dabei ist Erck Rickmers geschäftsführender Gesellschafter der Reederei E. R. Schiffahrt und der Nordcapital, einer Schiffsbeteiligungsgesellschaft. Hier wird Kapital gesammelt, um Schiffsneubauten zu realisieren.

»Wir sind ein wichtiger Partner für große Linienreedereien und helfen ihnen, ihr Wachstum zu bewältigen«, sagt Erck Rickmers und erläutert das gängige Prozedere: Eine Linienreederei braucht beispielsweise drei Schiffe mit einer Kapazität von jeweils 5700 Standardcontainern (TEU). Im Gegenzug wäre die Reederei bereit, die Schiffe für einen bestimmten Zeitraum zu chartern. Erck Rickmers und seine Mitarbeiter entwickeln ein passgenau auf die Bedürfnisse der Reederei zugeschnittenes Konzept und verhandeln mit Werften. Ist der Handel perfekt, wird das Ganze der Nordcapital übergeben, die ein wirtschaftliches und steuerliches Paket schnürt. »Mit dem gehen wir in den Markt.«

Das heißt: Es muss kräftig die Werbetrommel gerührt werden, um genügend Geldgeber zu interessieren. Schließlich kostet ein Schiff dieser Größenordnung rund 60 Millionen Dollar, das sind pro Containerstellplatz um die 10 000 Dollar. Ziel der Anleger: hoffentlich eine hohe Rendite und steuerliche Vergünstigungen.

Ist der Containerriese in Dienst gestellt, übernimmt die E. R. Schiffahrt das Management – auch wenn das Schiff ansonsten äußerlich so aussieht, als gehörte es dem Charterer.

Eine stattliche Flotte ist da seit 1992 zusammengekommen: 65 Schiffe hat die Nordcapital finanziert; 19 davon managt die E. R. Schiffahrt. Bis Ende 2002 werden elf weitere Neubauten in Fahrt kommen.

Einige der Containerneubauten lässt Rickmers in Deutschland bauen. Höchst ungewöhnlich, denn meist ist es billiger, in Asien zu ordern. Das hängt vom Dollarkurs ab, aber auch davon, dass beispielsweise Korea den Schiffbau subventioniert – was Deutschland bei Containerschiffen und Tankern jetzt auch wieder tun will

Dass Erck Rickmers sieben Neubauten mit 2500 TEU bei der SSW Werft in Bremerhaven bestellt hat, ist sicher auch eine Unterstützung für seine Heimatstadt, obwohl Rickmers von Sentimentalität nichts wissen will. »Es rechnet sich, sonst könnten wir es uns nicht leisten.«

Bis zum Zweiten Weltkrieg gehörte die Rickmers-Werft zu den größten Arbeitgebern in Bremerhaven. »Von 130 000 Einwohnern arbeiteten 1300 bei uns auf der Werft«, sagt er. »Nach dem Krieg war alles zerstört, die Flotte versenkt, da beauftragte mein Großvater meinen Vater, die völlig zerstörte Werft wieder aufzubauen.«

Die Werft, Schiffbau und Schifffahrt – es gab kaum ein Thema in Erck Rickmers' Kindheit, das größere Bedeutung hatte. »Ich war als Kind mit meinem Vater oft auf der Werft, und als ich 14 Jahre alt war, habe ich dort zum ersten Mal gejobbt, in der Tischlerei und im Reparaturbetrieb. Mein erstes Auto habe ich mir auch dort verdient.«

Er selbst wurde Schifffahrtskaufmann, arbeitete als Schiffsmakler im Bereich Finanzen und Controlling. Drei Monate ist er selbst auf einem kleinen Containerschiff mitgefahren, zum Persischen Golf und zurück.

Anfang der neunziger Jahre baute er mit seinem Bruder Bertram die Nordcapital auf. Die Gesellschaft für Unternehmensbeteiligungen gehört inzwischen zu den großen Emissionshäusern in Deutschland. »Mein Großvater würde das alles für unmöglich halten: diese Schiffsgrößen, Partner und Fonds.«

Schiffsbeteiligungen hat es zwar schon immer gegeben, aber die Geldgeber waren Händler, Reeder und Kapitäne. »Das waren natürlich keine Publikumsfonds wie heute, bei denen Hunderte Anleger in ganz Deutschland sich mit relativ kleinen Beiträgen beteiligen.« Bei den »kleinen Beiträgen« han-

delt es sich um Mindesteinlagen von 15 000 Euro. In der Tat verhältnismäßig wenig, wenn man bedenkt, dass der Kaufpreis bei 60 Millionen Euro liegt.

In den Anfangsjahren beschränkte sich Nordcapital auf kleinere und mittlere Containerschiffe bis 2000 TEU und arbeitete mit neun Reedereien zusammen. Mit der Trennung von Bertram Rickmers hat sich auch die Unternehmensphilosophie verändert. Die Nordcapital konzentriert sich auf die Zusammenarbeit mit der E. R. Schiffahrt, und 1998 bestellte Erck Rickmers erstmals ein 5700-TEU-Schiff auf der Samsung-Werft in Korea. »Das war für uns ein Projekt von ungeahnten Dimensionen. Viele kritisierten uns damals: Das Schiff sei zu groß, wir seien leichtsinnig.« Rickmers ließ sich nicht beirren. »Wäre ich nicht sicher gewesen, hätte ich es gelassen – im Zweifel immer nein.«

Aufgeregt war er natürlich trotzdem, und das erste Schiff, das er auf der koreanischen Werft abnahm und das seine Frau Michaela auf den Namen »E. R. Hong Kong« taufte, ist bis heute sein Lieblingsschiff.

Wenn ein Schiff in Dienst gestellt wird, beginnt die Arbeit, die jede normale Reederei leisten muss: das Zusammenstellen einer geeigneten Mannschaft, die Versorgung der Crew mit genügend Proviant. Es muss Ansprechpartner an Land geben, die da sind, wenn eine Brennstoffpumpe durchbrennt oder ein blinder Passagier an Bord ist, der zurückgeflogen werden muss. Derzeit

Die Schiffe zweier großer Hamburger Reedereien an der Überseebrücke: das Museumsschiff »Cap San Diego« der Hamburg Süd und die fast 200 Meter lange »Europa« der Hapag-Lloyd bei der Schiffstaufe

fahren 24 Mann auf einem 5700-TEU-Containerschiff.

Was die Mannschaftssache anbelangt, hat Erck Rickmers die gleichen Probleme wie alle Reeder in Deutschland: Es gibt kaum noch deutsche Offiziere. Der Grund: Vor ein paar Jahren gab es eine Ausflaggungswelle, mit der die Massenentlassung deutscher Seeleute einherging. Die Reeder setzten damals auf billige ausländische Mannschaften. Deshalb bildeten sie auch nicht mehr aus. Diese Zeiten scheinen vorbei: Erck Rickmers ist nicht der Einzige, der gut bezahlt, wenn er eine gute Führungskraft findet, und ausgebildet wird auch wieder.

Unter deutscher Flagge fährt er aber immer noch nicht. Zwar begrüßt er, wie alle Reeder, dass sich Deutschland politisch bewegt: Mit der Einführung der günstigen Tonnagesteuer haben die Reeder wieder einen Anreiz, in Deutschland ansässig zu sein. Allerdings bemängeln sie immer noch die zu hohen Personalnebenkosten – die höchsten in Europa.

Was erwartet Erck Rickmers für die Zukunft? Träumt er auch von Mega-Schiffen, die 12 500 TEU fassen? »Nein. Aber gerade auf den Langstrecken ist es natürlich im Verhältnis billiger, 5000 Container zu transportieren als 1000.« Aber eine Ladekapazität von mehr als 7500 bis 8000 TEU findet Erck Rickmers derzeit nicht sinnvoll. »Die Schiffe sind ja nur dann wirtschaftlich, wenn sie komplett ausgelastet sind«, sagt er. »Aber vielleicht werden wir noch erleben, dass Schiffe mit einer Kapazität von 10 000 Standardcontainern über die Meere fahren.«

Größe an sich ist nicht Erck Rickmers' Ziel. »Wachstum ist eher der Nebeneffekt erfolgreichen Arbeitens.«

Natürlich hätte er nichts dagegen, neue, wichtige Großkunden zu finden. Ob er dabei auch an Hamburgs Traditionsreederei Hapag-Lloyd denkt? Schließlich gehört Deutschlands berühmteste Reederei zu dem Zusammenschluss »Grand Alliance«: Die fünf internationalen Reedereien bilden die weltweit größte Gruppe im Containerverkehr, und diese ist derzeit der größte Hafenkunde.

Bei all der Arbeit will Erck Rickmers seine Familie und sich selbst nicht aus den Augen verlieren. Dazu braucht er vor allem zweierlei: »viel Zeit und die Kunst, langsam zu leben«.

OOCL LOS ANGELES
HAMBUR
lloyd

P
P&O
SÜD
P&O

Hapag-Lloyd
OOCL

C O N T A I N E R ,   C O N T A I N E R

Auch nachts transportieren die zehn Meter hohen Van-Carrier die Container mit unverminderter Schnelligkeit und Präzision

HYUNDAI
Mitsui O.S.K Lines
LIBRA
P&O
50
50
50
50
HYUNDAI
HANJIN

HLA
tex
tex

Blick in die Tiefe: Thomas Moderau in
der Kanzel seiner Containerbrücke

»ICH HABE MICH FESTGEBISSEN AN DER WASSERSEITE«

Brückenfahrer Thomas Moderau über Container-Umschlag und tote Terminals

Im Privatleben liebt Thomas Moderau Cowboystiefel und Amerikas Westen. Wenn er zufrieden und mit entschlossenem Gesichtsausdruck auf seine Containerbrücke klettert, dann könnte man fast meinen, er steigt auf sein Pferd und reitet der Sonne entgegen. So unähnlich ist das Gefühl auch gar nicht. »Da hochgehen, hören, wie der Motor anspringt und mit einem kleinen Hebel 1000 Tonnen bewegen – das ist schon wahnsinnig«, sagt Moderau. Wenn der 37-Jährige hoch oben in seiner Kanzel (genannt Katze) sitzt und unter sich Dutzende von Containerreihen sieht, Hunderte von Boxen, die Van-Carrier mit ihrem Jaulen und die Elbe, dann weiß er: »Ich habe mich festgebissen an der Wasserseite.«

Das war nicht immer so. Vor zwölf Jahren kam Moderau zu Eurogate, das damals noch Eurokai hieß und nach der Hamburger Hafen- und Lagerhaus AG (HHLA) die zweitgrößte Umschlagsfirma im Hafen war. Den Job hatte Moderau seinem Vater zu verdanken. Der arbeitete seit der Firmengründung in den sechziger Jahren bei Eurokai. Damals hätte niemand geglaubt, welche Rolle der Container einmal spielen würde. Noch Anfang der siebziger Jahre machte der Container-Umschlag nur vier Prozent des Stückgut-Umschlags aus, heute sind es 92 Prozent.

Moderau junior konnte die Begeisterung seines Vaters für die Boxen zunächst nicht nachvollziehen. Er war allerdings in den Packstationen eingesetzt. Das Ausladen der Container, das Sortieren der Ware, das Packen und Schleppen – das war nichts für ihn. Eine

Lebensstellung, das spürte er damals haargenau, würde das jedenfalls nicht werden.

Doch der Siegeszug der Container war auch Moderaus große Chance. Die Kapazitäten der vier Containerbrücken reichten vorne und hinten nicht. Eurokai musste wie die anderen Hafenfirmen auch mehr Brücken einsetzen, und Fahrer wurden händeringend gesucht. Moderau bewarb sich für die sechswöchige Ausbildung. »Dabei hatte ich damals noch nicht einmal den LKW-Führerschein«, sagt er schmunzelnd.

Inzwischen ist Eurogate im Hamburger Hafen zwar immer noch die Nummer zwei, aber Europas größtes Umschlagsunternehmen, und Moderau gehört längst zu den alten Hasen. »Ich hab meinen Traumberuf gefunden!«

Kaum ein Tag, an dem er nicht gerne zur Schicht geht. Zu seiner Gang gehören drei bis vier Lascher, die meist noch per Hand die Twist-Locks (Schlösser), mit denen die Container befestigt sind, lösen, ein Checker und zwei Van-Carrier, die die Boxen zu ihren Stellplätzen fahren.

In der Regel sind drei bis vier Brückenfahrer mit ihrer Gang im Einsatz, um ein Schiff zu löschen oder zu laden – und das an 362 Tagen rund um die Uhr. Ein genauer Stauplan regelt, wer wie welche Container bewegen muss.

Nach all den Jahren ist Moderau immer noch fasziniert davon, wie logisch das ganze System ist. »Die Firma ist wie ein Schachbrett aufgebaut, ebenso die Laderäume der Schiffe«, so Moderau.

Sein Stauplan sagt ihm genau, welche Container in Hamburg bleiben. Aber um an genau die Box heranzukommen, die gelöscht werden soll, bedarf es eines ausgeklügelten Systems. Für Nichteingeweihte ist der Stauplan ein reines Kauderwelsch: Die Bay gibt Moderau an, wo in welchem Ladeschacht der gesuchte Container steht. Aus den nächsten Zahlen erkennt er die Reihe, die Höhe, Backbord oder Steuerbord.

Zwischen 800 bis 1200 Container müssen pro Schiff gelöscht werden. Im Stauplan steht auch, wohin die Van-Carrier die Container bringen müssen. Es gibt Extra-Reihen für die Boxen, die mit der Bahn oder mit Feederschiffen weitertransportiert werden. Extra-Stellplätze gibt es auch für die Kühlcontainer, Boxen mit Übergrößen und Gefahrengut. »Gefahrengut, das kann auch mal ein Container voll Baumwolle sein«, so Moderau. »Also nichts, was man gleich als gefährlich erkennt. Aber Baumwolle beispielsweise kann sich selbst entzünden.« Wenn alles gut läuft, schaffen der Brückenfahrer und seine Gang 30 bis 35 »Wurf« pro Stunde.

Damit eine Box nicht verloren gehen kann, hat jeder Container eine Identifizierungsnummer: Die ersten drei Buchstaben stehen für die Reederei, dann folgen ein »U« (für »unit«, Containereinheit) und eine Zahlenreihe, in der auch Informationen über Größe und Typ der Box enthalten sind. Moderau: »Anhand dieser Identifizierungsnummer kann man einen Container weltweit ausfindig machen«, wenn keiner einen Fehler gemacht hat!

Im Hamburger Hafen sind inzwischen die meisten Spediteure, Linienagenten, Kaibetriebe und Behörden an das gemeinsame Datensystem DAKOSY angeschlossen. Ein derartiges Kommunikationssystem ist unerlässlich. Mehr als 85 Millionen Tonnen werden jährlich im Hamburger Hafen umgeschlagen, davon allein vier Millionen Containereinheiten. DAKOSY bietet aber nicht nur Überschaubarkeit, sondern auch die Möglichkeit der schnelleren Abfertigung von Containern per Computer. Die langen Wartezeiten entfallen und somit auch der lästige Papierkram. Das Projekt »Paperless Port« soll bald überall im Hafen umgesetzt werden. Denn das Ziel ist, dass selbst die Containerschiffe der fünften und sechsten Generation binnen eines Tages abgefertigt werden können.

Der Umgang mit den Containern verlangt höchste Konzentration. Nicht umsonst müssen die Brückenfahrer nach zwei Stunden eine Pause von mindestens einer halben Stunde machen. Einen Fehler darf sich Thomas Moderau nicht leisten, nicht nur weil er Angst hat, durch die kleinste Unaufmerksamkeit könnte ein Container in der falschen Reihe verschwinden.

Der Alptraum eines Brückenfahrers ist es, einen Container fallen zu lassen, sich selbst oder die eigenen Kollegen dabei zu verletzen oder gar zu töten. Wer eine Brücke fährt, »muss schon ein großes Vertrauen in die Technik haben. Sonst bist du verloren«, sagt Moderau.

Er weiß, wovon er spricht. Einmal hat es auch ihn fast erwischt. Nur den Bruchteil einer Sekunde hatte er nicht aufgepasst: Wie 50-mal zuvor hatte er einen Container »angepickt« und wollte ihn in den Ladeschacht einfädeln. Aber

HHLA
OOCL
29

MVR
RHINE

Moderau setzte die Box aus Versehen auf die Kante des Schachts. Der Container kippte hinunter und riss mit einer Wucht von etwa 30 Tonnen an den Seilen. Ein Riesenruck – und Moderau glaubte, die Katze würde aus ihrer Verankerung reißen und mit ihm in die Tiefe stürzen. »Ich dachte, jetzt ist es aus!«, sagt Moderau. Aber er hatte Glück. Ein Moment der Angst – und er stieg wieder auf die Brücke. »Das ist wie bei einem Autounfall. Du musst sofort wieder rauf auf die Brücke, sonst überwindest du so etwas nie.«

Moderau ist ein 100-Prozentiger. »Ich gebe alles bei der Arbeit«, sagt er. »Das bin ich der Firma schuldig, schließlich gibt die mir Arbeit.« Und das ist im Hafengewerbe längst nicht mehr selbstverständlich: Allein von 1988 bis 2000 schrumpfte die Zahl der Hafenarbeiter im Umschlag von 8900 auf 4800. »Eines Tages kommen die Umschlagsfirmen ohne uns aus«, sagt Moderau. Auch Brückenfahrer wie er, davon ist er überzeugt, sind irgendwann einmal überflüssig. »Die modernen Brücken verfügen über eine Automatik – die laufen auch schon alleine.«

In Rotterdam beispielsweise gibt es jetzt schon »tote Terminals«, auf denen kaum noch Menschen arbeiten. Und in Hamburg wird in Altenwerder ein weltweit einmaliges High-Tech-Logistikzentrum für den Umschlag von 1,9 Millionen Standardcontainern gebaut. An den vier Liegeplätzen können sogar die größten Containerschiffe mit derzeit 8000 TEU geladen und gelöscht werden. Und das alles mit erhöhter Geschwindigkeit. Denn die 14 Automatik-Containerbrücken werden mit zwei Katzen gefahren. Fahrerlose Van-Carrier transportieren die Boxen zu ihrem Stellplatz. Das Stapeln der Container übernehmen Kräne – ebenfalls vollautomatisch. Alle Brücken, Fahrzeuge und Kräne sind untereinander vernetzt und werden zentral gesteuert.

Die neue Technik fasziniert Moderau. Er selbst ist nicht nur Brückenausbilder, sondern auch Automatikfahrtausbilder. »Man kann den Fortschritt nicht aufhalten, und unsere Arbeit weiterzuentwickeln macht einfach Spaß«, sagt er, »auch wenn wir dadurch an unserem eigenen Stuhl sägen.«

Lascher lösen mit langen Stangen die Twist-Locks, mit denen die Container gesichert sind

DER HAFEN VOLLER GÜTER

Erz- und Wolkenberge am Hansaport

Auch heute noch werden Kakao
und Kaffee in Säcken angeliefert
und gelagert

»ICH MUSS HOCHSTAPELN!«

Walter Liedtke über moderne Lagerhaltung

Wer ein paar Monate nicht im Hafen war, kann Orientierungsschwierigkeiten bekommen. Hier wird ein Hafenbecken zugeschüttet, dort eine Firma umgesiedelt und da »verdichtet«. Damit der Hafen nicht aus allen Nähten platzt, wird versucht, jeden Quadratmeter zu nutzen. »Fläche ist kostbar geworden«, sagt Walter Liedtke, bei Cellpap für den Vertrieb zuständig. Auch Hamburgs größter Terminal für Forstprodukte (Jahresumschlag: eine Million Tonnen) hat Standortkonzentration betrieben. Statt vorher drei Terminals gibt es nur noch zwei: am Dradenauhafen und am O'swaldkai. Dafür werden die beiden insgesamt 48 000 Quadratmeter großen Lagerhallen an der Dradenau zu 90 Prozent ausgenutzt. Zehn Meter hoch stapeln sich die Papierrollen – so weit das Auge reicht.

»Ich muss hochstapeln«, sagt Walter Liedtke. »Sonst brauche ich zu viel Fläche, und Fläche kostet Geld.« 12 bis 15 Tonnen Papier können auf einem Quadratmeter gelagert werden. »Außerdem sind die Rollen heute so fest gepresst, dass statt früher sechs Kilometer jetzt bis zu zehn Kilometer auf eine Rolle passen.«

Wegen der hohen Kosten versuchen viele Firmen, ganz auf eigene Lager zu verzichten. »Stattdessen rufen sie das, was sie brauchen, bei uns ab, und wir müssen schnell und zuverlässig liefern«, sagt Walter Liedtke. »Die Umschlagshäufigkeit hat sich um ein Drittel erhöht.«

Schnelligkeit ist deshalb auch bei Cellpap Trumpf. »Wenn ein Lastwagen kommt, um Ware zu holen, soll er spätestens nach anderthalb Stunden wieder vom Hof

Westvaco
408705

Walter Liedtke (unten links) bei der Kontrolle der fast baumhohen Papierrollenstapel

Im Bauch des riesigen Massengutfrachters werden die Reste der Getreideladung zum Absaugen zusammengeschoben

sein«, lautet die Maxime. Wie überall im Hafen geht auch hier nichts ohne Computer. Die gesamte Lagerverwaltung ist EDV-gesteuert. Rollennummern und Gewicht müssen vom Lagerarbeiter nicht mehr per Hand von der Rolle abgeschrieben werden, sondern werden mit einem kleinen Scanner eingelesen. Auch die modernen Gabelstapler sind inzwischen wesentlich leistungsfähiger. »Früher hatten die Geräte nur einen Eisenarm, mit dem eine Rolle geklammert werden konnte, heute zwei für sechs bis acht Rollen«, sagt Liedtke.

Damit das 170 000 Quadratmeter große Gelände optimal genutzt wird und kein »totes Kapital« herumsteht, akquiriert der Vertrieb auch Güter, die nichts mit Papier, Zellstoff und Holz zu tun haben. Schließlich ist Cellpap in der Lage, Container und konventionelles Stückgut umzuschlagen und Ro/Ro-Schiffe mit ihrer herunterklappbaren Laderampe zu bedienen. »Multi-Purpose«-Terminal – also Mehr-Zweck-Terminal – heißt der Dradenauhafen deshalb. Übrigens gilt das »Multi-Purpose« nicht nur für den Terminal, sondern auch für seine rund 140 Mitarbeiter. »Wenn nicht so viele Lastwagen kommen, müssen die Männer beim Löschen oder Laden der Bahn mit anpacken oder am Schiff die Leute einweisen«, sagt Walter Liedtke.

Insgesamt ist Mitdenken gefragt: Wer in die Dispo kommt – so wird die Anlaufstelle genannt, an der die Aufträge verteilt werden – muss wissen, welche Kollegen oder welche Geräte er für den Job braucht.

Im Vergleich zur Hektik auf den großen Containerterminals und im Vergleich zu den Riesenpötten, die dort an- und schnell wieder ablegen, wirkt der Dradenauhafen fast gemütlich. Man kann relativ gefahrlos über den Terminal spazieren, zugucken, wie kleine Frachter, die noch wie richtige Schiffe aussehen, geladen und gelöscht werden. Und man kann sich die Waren ansehen, die hier auf ihren Weitertransport warten: Unterteile von Lastwagen etwa, die in Reih und Glied aufgestellt sind. Konventionelles Stückgut nennt sich das, im Unterschied zu Containern und im Gegensatz zu Massengut wie Kohle und Erz, das gar nicht weit vom Dradenauhafen im Hansaport lagert. »Es ist natürlich spannender, wenn mal ein Mercedes 600 verladen wird als nur ein Container, in den man nicht reingucken kann.« Aber auch bei Cellpap ist

Für Stückgüter werden oft Transportkisten nach Maß gezimmert

der Container auf dem Vormarsch: Immer mehr konventionelles Stückgut wird in der Box transportiert.

Die Hafenwirtschaft rechnet damit, dass sich bis 2010 der Container-Umschlag auf acht Millionen Standardcontainer verdoppelt. »Früher brauchten wir mehr Liegeplätze, heute mehr Stellfläche. Denn was in den siebziger Jahren fünf Schiffe transportierten, bringt heute eines«, sagt Olaf Mager, Sprecher der Hamburger Hafen- und Lagerhaus AG (HHLA). Die städtische HHLA ist Betreiberin der Cellpap, aber auch von Hamburgs größtem Containerterminal, dem Burchardkai. Olaf Mager glaubt, dass trotz des Wachstums die Lagerflächen im Hafen noch lange ausreichen werden. Denn viele Firmen sind nicht mehr auf Freihafen- oder auch nur Hafennähe angewiesen. »Einige Bundesländer versuchen sich gegenseitig die Lager abzujagen.« Zwar muss man weitere Fahrwege in Kauf nehmen, aber Länder und Kommunen locken mit geringen Gewerbesteuern oder Lohnkosten, und Hafentarife fallen auch nicht an. Prominentes Beispiel: Der Otto-Versand hat sein neues Lager nach Sachsen-Anhalt verlegt – auf die grüne Wiese. Aber gleichgültig, ob niedrige Gewerbesteuern oder Lohnsteuern, noch besser ist es, es fallen erst gar keine Kosten an. Der Kunde verlangt sowieso, dass Ware, die er heute bestellt, morgen geliefert wird. »Dieses Prinzip hat die Abläufe verändert. Inzwischen kann man die Autobahn als rollendes Lager bezeichnen.«

Auch der Cellpap-Terminal ist außerhalb des Freihafens. Für Walter Liedtke kein Problem. »Für manche hochwertigen Waren wie Schnaps, Zigaretten, Computer ist es vielleicht besser, dass sie im Freihafen lagern«, sagt er. Schließlich sei es nicht so leicht, Ware am Zoll vorbeizuschmuggeln. »Wir sagen immer: Jeder Finger eines Hafenarbeiters hat ein Auge. Wenn die Leute die Ware sehen können, greifen sie auch eher mal in die Kiste und lassen etwas mitgehen.«

Cellpap ist deshalb auch Tag und Nacht bewacht, und eine Gitterbox schützt die Güter vor fremdem Zugriff. Aber das Thema Diebstahl verursacht Liedtke keine schlaflosen Nächte. »Wer nimmt schon eine Rolle Papier mit? Da könnte er sich lange den Allerwertesten mit abwischen.«

DIE SPEICHERSTADT WIRD MODERN

TIGER

AMBOOTIA
FTGFOP 1
CERTIFIED ORGANIC TEA
E. C. Control No.
Halssen & Lyon
Hamburg

»DAS KAPITAL EINES TEEVERKOSTERS LIEGT AUF DER ZUNGE«

Frank Pauls über Tee, Tradition und die Speicherstadt

Wenn man sich die Autos aus der Speicherstadt wegdenkt, wirkt der von Fleeten durchzogene Lagerhauskomplex wie ein Relikt aus einer anderen Zeit. »Der Lehrmeister meines Lehrmeisters hat die Muster noch in der Pferdekutsche ausgefahren«, sagt Frank Pauls, Teeverkoster und Prokurist in der Teeimport- und Handelsfirma Hälssen & Lyon. Natürlich haben die Pferdekutschen längst ausgedient, aber immerhin kann man auch heutzutage zugucken, wie Kisten und Säcke über Seilwinden und Flaschenzüge in die Speicher gehievt werden.

Hälssen & Lyon bezog als einer der ersten Betriebe 1888 die Speicherstadt. Die Firma repräsentiert vieles von dem, was hinter den Backsteinbauten gang und gäbe ist: eine Mischung aus Tradition und Moderne, aus geschäftigem Treiben und hanseatischer Gelassenheit. Besonders deutlich wird das im Herzstück der Firma, dem Probierzimmer. Mit den Aluminiumdosen, die in Holzregalen bis unter die Decke gestapelt sind, dem Holztresen und den kupfernen Spucknäpfen wirkt der Raum wie ein Mittelding zwischen alter Apotheke und Börse. Denn hier wird nicht nur probiert und bewertet, gewogen und gemustert, sondern gleich am Telefon lautstark über den Preis verhandelt und geordert.

Allerdings dürfen nur drei oder vier Teeverkoster oder »Teataster« im Haus die wichtigen Entscheidungen treffen. Frank Pauls ist einer von ihnen. Mit seinen 34 Jahren der bei weitem Jüngste. »Mein Lehrmeister sagte immer: Tee ist so komplex, ein Leben reicht nicht aus, um alles zu er-

Frank Pauls verkostet täglich bis zu 400 Tassen Tee

fassen und zu lernen.« Wer Teeverkoster werden will, macht die Ausbildung zum Groß- und Außenhandelskaufmann. Anfänger dürfen auch mitverkosten, oder besser gesagt, nachverkosten. »Wer beim Tee entscheiden darf, der muss fünf bis acht Jahre probieren und bewerten – und möglichst seine kleine Klappe halten.«

Nur wer Geduld hat, dem erschließt sich die Vielfalt dieses Getränks. »Das Kapital eines Teeverkosters liegt auf der Zunge.« Dabei kommt es nicht darauf an, dass jemand von Haus aus einen überdurchschnittlichen Geschmackssinn mitbringt. »Das ist Übung, genauso wie ein Marathonläufer jeden Tag trainieren muss«, sagt Frank Pauls, der beim Hamburger Marathon mitgelaufen ist.

Pauls gießt goldbraunen Tee in weiße Porzellantassen. »Leuchtende Tassenfarbe, angenehmes Aroma, leichter Darjeeling-Charakter – ganz klar: erste Pflückung, First Flush.« Und damit auch ein Laie etwas mit diesen Worten anfangen kann, erklärt er: »Das ist der Weißwein unter den Darjeelings. Die zweite Pflückung ist vollmundiger, hat mehr Body – vergleichbar mit dem Rotwein.« Er klingt so begeistert, als tränke er seine erste Tasse an diesem Tag. Kaum zu glauben, dass der »Teeologe« schon 300 bis 400 Tassen verkostet hat. Das heißt: natürlich nicht getrunken, sondern nur probiert. Der Rest wird in das Spitumen gespuckt.

Zu Plantagen in China, Indien, Sri Lanka, Japan, Südafrika, am Mount Everest oder dem K 2 unterhalten die Hamburger »Teataster« über Jahrzehnte gewachsene Verbindungen. Längst sind die dazugehörigen Menschen für Frank Pauls mehr als Geschäftspartner. »Freunde rund um den Globus zu haben, das ist schon ein tolles Gefühl«, sagt er. Durch seine Besuche auf den Plantagen oder Gärten, wie die Teeologen sagen, hat der Prokurist ein ganz neues Gefühl für seinen »Artikel« entwickelt. »Der Kreis hat sich geschlossen. Jetzt kann ich nicht nur über das fertige Produkt sprechen, sondern auch über den Busch.« Und darüber, wie wichtig es ist, dass die Teeblätter fachgerecht gepflückt, transportiert, getrocknet und gerollt werden.

Auch wenn längst nicht so viel Tee getrunken wird wie Kaffee, ist Frank Pauls überzeugt davon, dass Tee Zukunft hat. Und nicht nur das: »Tee macht glücklich, Tee ist trendy.«

Die Zahlen hören sich beeindruckend an. Das Lager mit 20 000 Quadratmetern und modernem Hochregal fasst bis zu 7000 Tonnen. »Wenn man sich überlegt, dass in Deutschland bis zu 20 000 Tonnen Tee im Jahr getrunken werden, könnten wir diesen Markt drei bis vier Monate allein versorgen.«

Weniger optimistisch ist Pauls, wenn er über die Zukunft der Speicherstadt spricht. Denn wieder einmal haben Politiker und Stadtplaner einen begehrlichen Blick auf die schmucken Lagerhäuser und ihre Umgebung geworfen. Erst Anfang der neunziger Jahre hatte die Stadt ehrgeizige Pläne in der Schublade verschwinden lassen müssen. Damals war erklärtes Ziel, die meisten Betriebe aus der Speicherstadt auszusiedeln und den Komplex an Investoren zu verkaufen, die dort teure Lofts und schicke Ladenzeilen bauen sollten. Der »Anschlag« schlug fehl, und die Backsteinbauten wurden endlich unter Denkmalschutz gestellt.

Jetzt wird es ernst. Direkt neben der 310 000 Quadratmeter großen Speicherstadt entsteht auf 155 Hektar die HafenCity mit 5500 Wohnungen und Bürogebäuden, die 20 000 Menschen einen Arbeitsplatz bieten sollen.

Speicherstadt und HafenCity sollen ihren Freihafenstatus verlieren – und werden somit ganz normale Stadtteile mitten in der City.

Im Freihafen zu sitzen bedeutete bislang, dass Waren hier gelagert, bearbeitet und veredelt werden durften und erst bei der Einfuhr ins Binnenland verzollt werden mussten. In Zukunft sollen die Kaufleute offene Zolllager führen,

Lichtspektakel an den alten Backsteingebäuden der Speicherstadt

was einen erheblichen Mehraufwand bedeutet. Und sie müssen Bankbürgschaften für die möglichen Zollschulden vorweisen. Kein Wunder, dass viele der rund 400 Gewerbetreibenden in der Speicherstadt befürchten, man wolle sie vielleicht doch vertreiben, um die Immobilie teurer zu vermieten.

Zwar sind noch weit über die Hälfte der Mieter Teppichhändler und 20 Prozent Quartiersleute. Kritisch wird allerdings von vielen gesehen, dass immer mehr Internet- und Werbefirmen Einzug halten – natürlich nicht in heruntergekommenen Speichern, sondern in luxuriös ausgestatteten Etagen.

Auch Prokurist Frank Pauls gehört zu den Skeptikern. »Es wäre schade, wenn die letzten Quartiersleute und Kaufleute hier irgendwann das Feld räumen müssen, weil sich die Mieten verdrei- oder vervierfacht haben.«

Der Vermieter der Speicherstadt, die städtische Hamburger Hafen- und Lagerhaus-AG (HHLA), will den alteingesessenen Betrieben die Angst vor Veränderung nehmen. »Wir wollen aus der Speicherstadt keine Bürocity machen«, verspricht HHLA-Sprecher Olaf Mager. »Und was wäre die Speicherstadt ohne den Duft von Kaffee und Gewürzen?« Aber er geht davon aus, dass der größte zusammenhängende Lagerhauskomplex der Welt nach und nach eine andere Funktion bekommt.

Unter anderem auch deshalb, weil die Lagerbedingungen für viele Firmen nicht mehr optimal sind. Das sei für viele bereits heute ein Grund, die Speicherstadt zu verlassen.

Genau aus diesem Grund hat Hälssen & Lyon sein Lager seit Jahren außerhalb des Freihafens: Die Lagerung auf den fünf Böden war zu aufwändig und der Transport zu kompliziert. »Schnelle und umfangreiche Warenbewegungen sind in der Speicherstadt schwierig«, sagt Frank Pauls.

Aber für Firmen mit einem geringeren Umschlag seien die Lagerbedingungen immer noch hervorragend. Davon ist Pauls überzeugt. Denn nach wie vor bieten die Böden, die im Winter nicht auf unter 4 Grad abkühlen und sich im Sommer nicht auf über 17 Grad erwärmen, ideale klimatische Bedingungen für Teppiche, Gewürze, Tee, Kaffee und Kakao. In modernen Lagern wird sogar versucht, dieses Klima künstlich zu erzeugen. »Für viele Firmen bietet die Speicherstadt

Möglichkeiten, die nicht altmodisch sind, sondern absolut adäquat«, sagt Frank Pauls.

Natürlich hat es seine Nachteile, dass Lager und Hauptsitz von Hälssen & Lyon voneinander getrennt sind. »Eigentlich sollte ein hanseatischer Kaufmann bei seiner Ware sitzen«, sagt der Prokurist. »Aber wir gehören in die Speicherstadt.« Dorthin, wo auch Europas größtes Teppichlager ist, dorthin, wo die Hafenfirmen und solche, die mit dem Hafen zu tun haben, von alters her sitzen. »Wer sieht, wie hier gearbeitet wird, kann doch nur dafür sein, dass es so bleibt, wie es ist. Sonst geht bald ein lebendiges Stück Hamburg verloren.«

AURIGA

HAFEN- UND BINNENSCHIFFE

Bis zu vier Assistenzschlepper bringen den schwerfälligen Massengutfrachter durch Ziehen und Aufstoppen in die richtige Position zum Auslaufen

Schiffsführer Wolfgang Richter (oben)
gibt die Anweisungen für das Zusam-
menkoppeln des Schleppverbandes

»WIR KÄMPFEN JEDEN TAG UMS ÜBERLEBEN«

Wolfgang Richter über die Binnenschifffahrt

Die frisch gewaschene Wäsche flattert im Wind, ein paar Blumentöpfe zieren das Deck. Der Kapitän steht im Steuerhaus und zieht an seiner Pfeife. Gemächlich lenkt er sein Schubschiff mit den Leichtern, die randvoll mit Kohle geladen sind, die Elbe hinauf. Diese Idylle ist in der Binnenschifffahrt inzwischen eine Ausnahme.

Wolfgang Richter, Schiffsführer auf der »Birk B.«, hat derzeit keine Muße zum Pfeiferauchen, und seine Muskelpakete hat sich der kräftige Mann mit den grauen Kurzhaarstoppeln nicht im Fitness-Center antrainiert. Der 57-Jährige aus Sachsen-Anhalt wirkt nicht wie ein Kapitän, sondern wie ein Malocher der alten Schule.

Die Zeiten, in denen ein Schiffsführer einfach die Schuten mit seinem Schiff irgendwohin schipperte und dort von Hafenarbeitern das Laden, Löschen und Reinigen erledigen ließ, sind für ihn längst Vergangenheit. »Wir müssen selbst mit anpacken.« Das bedeutet, dass Wolfgang Richters Arbeitszeit oft 16 bis 18 Stunden beträgt. Er, sein Steuermann und sein Bootsmann stehen meist um 5 Uhr auf. Die beiden Dieselmotoren müssen angeworfen werden. »Das ist ja nicht wie beim Auto, wo man sich reinsetzt und losfährt.« Da muss Öl vorgepumpt und Wasser nachgefüllt und die Maschinen durchgeprüft werden.

Dann geht's los. Die Strecken sind in letzter Zeit meist kurz. Die Schubleichter (auch Behälter, Backs oder Prahme genannt) werden an die Seeschiffe heranbugsiert. Es wird geladen, und die einzelnen Behälter werden zusammengekoppelt. »Mit 28 Zentimeter dicken Eisentauen – das haut mächtig in den Rücken und in die Arme.«

Das Laden und Löschen geht heute wie fast alles ziemlich schnell. »800 Tonnen in drei, vier Stunden sind kein Thema«, sagt Richter. Da hat sich die Technik enorm verbessert. Früher, in DDR-Zeiten, brauchte man für die gleiche Menge manchmal zwei Tage. »Oft hatten die Hafenarbeiter als Arbeitsgerät nur eine Schippe.«

Eine Tour, die Richter und seine zwei Männer oft fahren: Kohle am Hansaport laden und sie in ein Kraftwerk bei Hannover transportieren. Von dort aus 20 Kilometer weiter – ohne Fracht – nach Braunschweig und Leercontainer holen. Lieber fährt Wolfgang Richter jedoch die Elbe hoch Richtung Tschechien. An der Landschaft kann er sich nicht satt sehen. Aber eine Fahrt nach Magdeburg ist auch nicht zu verachten. »Bergauf brauchen wir für die 300 Kilometer zweieinhalb Tage.« Mit »bergauf« meint Richter gegen den Strom. »Zu Tale schaffen wir die Strecke in zwei Tagen.«

Sechs bis acht Kilometer in der Stunde ist die Durchschnittsgeschwindigkeit. »Wenn wir satt Wasser haben, schaffen wir auch mal 15 bis 16 Kilometer«, so Richter. »Das macht sich gleich positiv beim Spritverbrauch bemerkbar.«

Die Oberelbe ist allerdings ein unberechenbares Fahrgebiet. Ständig gibt es Probleme mit dem Wasserstand, der manchmal nur 90 Zentimeter beträgt. Je näher man an die Grenze kommt, desto weniger Wasser führt der Fluss. Für die Schleuse sind die Tschechen verantwortlich. »Da die Leute selbst nichts haben und es teuer ist, den Wasserhahn aufzudrehen, machen sie es nur, wenn es nicht anders geht«, stellt Richter salopp fest. »Zwischen Magdeburg und Geesthacht wiederum müssen wir oft auf den Elbe-Seiten-Kanal ausweichen, und das kostet Kanalgebühren.

Eine Fahrt lohnt sich nur, wenn mindestens 750 bis 1000 Tonnen geladen sind – und das bedeutet natürlich auch einen größeren Tiefgang. »Unter 1,60 Meter Tiefgang brauchen wir gar nicht ablegen.«

Die Hamburger Konkurrenz im Westen verfügt mit dem Rhein über eine sehr viel zuverlässigere Wasserstraße. Trotz der schwierigen Bedingungen ist Hamburg immerhin der drittgrößte deutsche Binnenhafen. Zehn Millionen Tonnen wurden im vergangenen

Jahr von und nach Hamburg transportiert. Die Frachtmenge ist geringer als im Jahr zuvor – und das in einem Jahr, in dem sich die Binnenschifffahrt auf Deutschlands Wasserstraßen über Rekordumsätze und einen Zuwachs um sechs Prozent freut.

Für die nächsten Jahre ist Erwin Spitzer, ein Sprecher des Bundesverbandes der Deutschen Binnenschifffahrt, optimistisch. Allerdings glaubt er, dass es Massenguthäfen wie Hamburg schwer haben, von dieser positiven Entwicklung zu profitieren. Außerdem ist der Massenguttransport in Hamburg rückläufig. Auch die Entscheidung für einen Tiefwasserhafen in Wilhelmshaven ist für die Binnenschiffer eine herbe Enttäuschung. »Die Fahrt über den Jadebusen dauert zu lange«, sagt Spitzer, »und der Bau einer akzeptablen Wasserstraßenanbindung würde Jahrzehnte dauern.« Die Binnenschiffer bemängeln schon lange, dass viel zu wenig in den Ausbau der Wasserstraßen investiert wird. Schiene und Straße würden immer bevorzugt. Und das, obwohl der Transport auf Binnenschiffen deutlich umweltverträglicher ist.

Schiffsführer Wolfgang Richter ist noch damit beschäftigt, »was so an Arbeit anfällt«: Manchmal ist eine Leitung defekt, natürlich wird die zwischendurch ausgebaut und geschweißt. Aufwändig ist vor allem das Reinigen der Behälter. Die Ladung wechselt ständig. Und genauso oft müssen die Prahme gereinigt werden. Mal vom Kali, mal vom Reis. Bei Nieselregen ist es fast unmöglich, die Prahme wieder trocken zu kriegen, bevor neu geladen wird. Und natürlich

Das schnelle und wendige Lotsenboot
manövriert sich zwischen Binnenschiff,
Containerriesen und Schlepper hindurch

muss alles schnell, schneller, am schnellsten gehen. »Wir nennen uns manchmal spaßeshalber Prahmkosmetiker – in Anlehnung an Raumkosmetiker.«

Enttäuschung über die Entwicklung in seinem Beruf schwingt mit, wenn der 57-Jährige erzählt. Er ist durchaus kein Einzelfall. »Für viele Binnenschiffer überschreiten die Belastungen ihrer Arbeit das erträgliche Maß«, räumt Verbandssprecher Spitzer ein. Der Hauptgrund für diese Entwicklung: Seit 1994 wurden die festen Tarife abgeschafft. »Früher konnte man in einer Gebührentabelle nachschlagen, was eine Ladung von A nach B kostet, heute werden die Frachttarife frei ausgehandelt«, sagt Erwin Spitzer. Der Reederei blieb kaum etwas anderes übrig, als Angestellte zu entlassen. Viele boten ehemaligen Mitarbeitern an, das Schiff, auf dem sie bis dahin Dienst getan hatten, zu kaufen, zu leasen oder zu chartern und als Selbständige (so genannte »Partikuliere«) weiterzufahren. Die meisten nahmen das Angebot an. Die Reedereien, für die die Partikuliere fahren, handeln nach wie vor die Tarife aus. Um eine Chance gegen die Konkurrenz zu haben, sind viele gezwungen, ihre Dienste billiger anzubieten. Die Frachttarife gingen bis zu 80 Prozent zurück. Die Partikuliere haben das Nachsehen: Arbeitszeiten von 16 bis 18 Stunden, kein geregelter Urlaub mehr – denn das können sich die wenigsten leisten – und ein geringerer Verdienst. Die meisten hoffen, die Zeit bis zur Pensionierung zu überstehen. Viele kratzen mühsam das Geld für Reparaturen zusammen.

Für Wolfgang Richter fing die Krise schon früher an – mit der Wiedervereinigung. Der bekennende Ossi hatte 33 Jahre lang für die Deutsche Binnenreederei (DBR) gearbeitet. Anfang der neunziger Jahre war Schluss. »Von 3500 Mann wurden 700 entlassen.« Richter war einer von ihnen. »Das tat sehr weh.« Es folgten weitere Entlassungswellen. Heute sind nur noch rund 300 Angestellte übrig.

Seitdem tingelt Richter als Schiffsführer bei ehemaligen DBR-Kollegen, die damals ebenfalls entlassen worden waren und sich selbständig gemacht hatten. Sein heutiger Chef ist einer von ihnen. Vor knapp drei Jahren fing Wolfgang Richter bei ihm an und übernahm die »Birk B.«. Er traute seinen Augen nicht: Es war »sein« Schiff, das er in der DDR jahrelang gefahren hatte. »Ich habe es 1969 als Neubau von der Werft in Berlin-Köpenick abgeholt«, sagt er gerührt. »21 Jahre war ich alt.« Die »Birk B.« hatte damals natürlich einen anderen Namen: »SSS 2610« – Schubschiffschlepper 2610.

Auch die Kollegen sind alte Bekannte. »Aber der Zusammenhalt von früher, den gibt es nicht mehr«, findet Richter. Nach seinem Arbeitstag hat er abends keine große Lust mehr, einen Skat zu kloppen oder in der engen Schiffsküche, die gleichzeitig der Aufenthaltsraum ist, mit den anderen fernzusehen. »Dann brauche ich einfach meine Ruhe.«

Seine Leidenschaft für die Binnenschifferei hat er zum Glück nicht verloren. Vielleicht hat das etwas mit seiner Familientradition zu tun: Schon seine Großeltern und Eltern waren Schiffer auf der Elbe. Seine Mutter versuchte, sooft wie möglich mit an Bord beim Vater zu sein. Vier Jahre verbrachte Wolfgang Richter deshalb im Schiffer-Kinderheim. »Ich genoss die Zeit«, sagt er. »Und in jeder freien Minute gingen wir Kinder an Bord zu unseren Eltern.« Abends legte man irgendwo an, traf sich mit anderen Schiffern, spielte und erzählte. Immer hatte die Familie ein paar Karnickel und Hühner dabei, die bei Bedarf im Kochtopf landeten.

Seine Eltern wollten verhindern, dass er auch »so ein Zigeunerleben« führte wie sie. Sogar eine Lehrstelle als Kfz-Schlosser hatten sie ihrem Sohn schon besorgt. »Aber ich sagte ihnen: Entweder ich werde Binnenschiffer – oder gar nichts.«

Auch heute kann er sich nichts anderes vorstellen. Vor kurzem hat er sich in einem Anfall von Leichtsinn gleich mehrere teure Wälzer über die Binnenschifffahrt gekauft. »Oh, je, das muss ich meiner Frau erst noch beichten«, sagt er und strahlt. »Solche tollen Bücher gab es in der DDR nicht.«

HHLA
HHLA
OOCL SINGAPORE
HONG KONG

FREIHAFEN UND ZOLL

»UND DIE GROSSEN LÄSST MAN LAUFEN«

Der Zöllner Volker Biermann über die Schwarze Gang und Rauschgiftschmuggler

Eine warme Sommernacht. Niemand beachtet das kleine Motorboot, das sich dem kolumbianischen Frachter nähert. Lautlos gleitet ein Taucher ins Wasser. Er weiß, was er sucht: einen anderthalb Kubikmeter großen Kasten, der an der Außenhaut des Schiffes montiert ist. Einige Zeit später taucht der Mann im Neoprenanzug auf – mit dem Kasten. Jetzt wird es hektisch an Bord. Der Komplize hievt die Beute an Deck. Das Sportboot verschwindet wieder in der Nacht. An Land werden die Männer den Kasten aufschweißen und rund 60 Kilogramm Marihuana bergen.

Die Schmuggler sind über alle Berge, aber der Zollbeamte Volker Biermann und seine »Schwarze Gang« stehen nicht mit leeren Händen da. Offensichtlich wurden die Männer gestört. Denn die Rauschgiftfahnder finden den Neoprenanzug und die aufgeflexte Kiste – eindeutige Hinweise auf die Arbeitsmethoden der Schmuggler. Und was die Tricks der Rauschgiftmafia angeht, kommt den Fahndern noch ein Zufall zu Hilfe. »Ein Seemann, den wir geschnappt haben, hat ausgepackt.«

Was nur selten geschieht. Wer sich mit dem organisierten Verbrechen einlässt, weiß, dass er besser den Mund hält. »Wer auspackt, ist dran«, sagt Biermann. Wer schweigt, kann sich halbwegs sicher sein, dass seine Kinder weiter unbehelligt zur Schule gehen dürfen und der Familie kein Härchen gekrümmt wird.

Früher suchte der 52-Jährige in den Seezollhäfen nach Schnaps, Zigaretten und sonstigen verbotenen Waren. »Man kann sich vor-

stellen, dass wir im Hafen nicht gerade beliebt waren«, sagt er.

Dann allerdings wurde das Drogenproblem immer größer. 1986 wurde zusätzlich eine Rauschgiftgang gegründet. Einsatzgebiet Freihafen, wo normalerweise der Zoll nichts zu suchen hat. Denn der Reiz des Freihafens ist es ja gerade, dass hier zollfrei gelagert und umgeschlagen werden kann.

Bevor Volker Biermann beim Zoll anfing, fuhr er 14 Jahre lang zur See. Angefangen hat er als Schiffsjunge, später dann sein Kapitänspatent gemacht. Biermann ist übrigens kein Einzelfall: Fast alle 15 Kollegen in seiner Gang sind Seeleute. Ist ja auch sinnvoll: »Wir kennen uns an Bord der Schiffe aus und wissen, wo man etwas verstecken kann.«

Immer wieder finden die Beamten Päckchen in Luken oder im Maschinenraum. Wobei die Suche im Maschinenraum durch den Geruch von Schmieröl deutlich erschwert wird. Der Einsatz von Spürhunden ist dabei fast unmöglich. »Da verlieren die Hunde die Witterung.«

Häufig wird der Stoff unter den Holzgrätings im Laderaum versteckt, das ist eine Art Holzfußboden mit Hohlraum, damit die Luft zirkulieren kann. »Dort fanden wir oft so genannte Schmuggelwesten«, so Biermann. Das sind Westen mit Taschen im Futter, in denen die Pakete unauffällig transportiert werden können. Besonders beliebt ist das im Winter. Wer mit einer solchen Weste bei Schichtwechsel mit dem Pulk den Hafen verlässt, hat beste Chancen, nicht erwischt zu werden.

Meistens ist nur einer aus der Mannschaft in den Schmuggel verwickelt, ist Biermanns Erfahrung. Wenn er von diesen Männern spricht, schwingt Mitgefühl in seiner Stimme. »Ich bin so lange zur See gefahren und weiß, wie arm die Menschen in den betreffenden Ländern sind, so ohne jede Perspektive.« Deswegen seien sie auch anfällig, wenn sie ein »Angebot« bekommen: Rund 3000 Dollar kassieren Schmuggler oft für ihren ersten Job. Dass sie danach nie wieder aussteigen können und für immer in den Händen der Mafia sind, ist ihnen meistens nicht klar.

»Das Schlimme ist, dass wir immer nur die Kleinen erwischen«, sagt Biermann. »Und die Großen lässt man laufen.«

Neuerdings wird auch der Seekasten gerne als Versteck genutzt,

Volker Biermann durchsucht die Bilge,
ein beliebtes Versteck für Drogen
unterhalb des Maschinenraums

eine Öffnung in der Außenhaut, wo das Kühlwasser für die Maschine angesogen wird, oder der Schlingerkiel (eine Art Stabilisator) des Schiffes: »Da können wir nichts machen, da müssen wir Polizeitaucher anfordern.«

Oder die Drogenpakete werden nicht erst im Hafen, sondern irgendwo auf der Elbe außenbords geworfen. Gut verpackt und beispielsweise an einen leeren Bohnerwachskanister gebunden, der als Auftrieb dient. Ein Motorboot nimmt die Fracht auf, und die Schmuggler lagern die Sore in Erddepots im Alten Land. »Klappe zu, Grasnarbe drauf, und keiner kann etwas erkennen.« Alles schon da gewesen.

Die Suche nach den Drogen ist wie die Suche nach der Stecknadel im Heuhaufen. Biermann »nervt es, dass die Schnaps- und Zigarettengang zwei bis drei Mal in der Woche fündig wird« – und seine Gang alle zwei bis drei Monate mal einen Coup landet. Immerhin ist seit 1996 auch eine Containerprüfanlage im Einsatz. Mit der kann ein ganzer Container geröntgt werden. »Ein geschultes Auge kann durch diese Technik die Ladung identifizieren und Abweichungen von den Zollpapieren feststellen«, sagt Biermann.

Nicht immer haben die Beamten so viel Glück wie neulich. Die Schwarze Gang hatte einen Tipp bekommen. Auf einem bestimmten Schiff sollte Rauschgift zu finden sein. Und dann fuhr ein schwarzer Mercedes in den Freihafen, und ein elegant gekleideter Mann fragte, ob ein bestimmter Container – der just an Bord besagten Schiffes stand – schon da sei. »Es fragen zwar viele Spediteure nach ihren Containern, aber diesen Mann kannte keiner.«

Ein Mitarbeiter in der Umschlagsfirma verständigte die Schwarze Gang. Vorsichtshalber hatte er sich auch gleich die Autonummer seines Besuchers gemerkt.

»Wenn es um Rauschgift geht, hält der ganze Hafen zusammen wie eine Familie. Das ist völlig anders als früher in der Schnaps- und Zigarettengang«, sagt Biermann. »Denn jeder Schauermann, jeder Festmacher, jeder Schlepperfahrer und jeder Hafenarbeiter hat Familie – und jeder von denen hat ein großes Interesse daran, dass wir auftreten«, sagt Volker Biermann. »Auch wenn wir selten erfolgreich sind, so zeigen wir doch Flagge.«

PRESERVE THE ENVIRONMENT

SCHIFFBAU UND REPAIR

Vor der »Radiance of the Seas« in Dock 17 liegt in Dock 10 die »Olympic Explorer«, ein bei Blohm + Voss entwickelter besonders schneller Schiffstyp mit einer Reisegeschwindigkeit von 27 Knoten

»UNSERE FLEXIBILITÄT HÄLT UNS ÜBER WASSER«

Die Schweißer Oleg Kogtev und Manfred Fikert über die Werft Blohm + Voss

Oleg Kogtev blieb fast die Spucke weg. Noch nie hatte der 28-jährige Schweißer aus Kasachstan so etwas mit eigenen Augen gesehen. »Ein Schiff! 120 Meter lang.«

Fünf Jahre sind seit diesem Erlebnis vergangen. Kogtev war gerade nach Hamburg gekommen und trat seinen ersten Job an, als Leiharbeiter auf der Norderwerft. Damals hätte er sich nicht träumen lassen, dass er nur wenige Monate später fest bei Hamburgs Traditionswerft arbeiten würde: bei Blohm + Voss. Genauso wenig war er darauf vorbereitet, was ihn hier erwartete: Schiffe, die bis zu 300 Meter lang sind. »Und so groß, dass du Angst kriegen könntest.« Wohlgemerkt: könntest. Denn von Angst ist bei Kogtev keine Spur. Im Gegenteil: Ihn faszinieren die großen Pötte und vor allem die abwechslungsreiche Arbeit.

»Wir kriegen jeden Tag neue Aufgaben gestellt, wir müssen flexibel und spontan sein, immer irgendwelche Lösungen aus dem Ärmel schütteln«, bestätigt Manfred Fikert, Meister in der Schweißerei. »Da fragt einer: Wie können wir das machen? Und dann muss dir auch das Richtige einfallen.«

Die Leute vom »Repair«, davon ist der 37-Jährige überzeugt, sind ein ganz besonderer Menschenschlag. Vielleicht vergleichbar mit einer schnellen Einsatztruppe, einer Task-Force für Schiffe. Denn trotz seines guten Namens muss sich Blohm + Voss einiges einfallen lassen, um der Konkurrenz gewachsen zu sein. Damit sind nicht die anderen Werften in Hamburg gemeint: Die Sietas-Werft, zu der auch die Norderwerft gehört, baut kleinere Containerschiffe; die Werft Theodor Buschmann repariert hauptsächlich Hafenfähren, Barkassen und Pontons.

Die Konkurrenz – was die Reparatur anbelangt – ist international. »Die Werften im Osten sind ein bis zwei Drittel billiger als wir«, sagt Fikert. »Allerdings brauchen die auch meistens länger.« Die Hamburger dagegen »machen immer das, was andere nicht wollen oder können, was fix gehen muss oder besonders kompliziert ist«.

Früher arbeiteten die Männer in festen Schichten. Heute gibt es zwar auch noch Schichten, aber gearbeitet wird, wenn Arbeit anfällt oder ein Schiff Hilfe braucht. »Wir richten uns immer nach den Schiffen, nicht die Schiffe nach uns«, sagt Manfred Fikert. »So halten wir uns gut über Wasser. Wenn das Telefon klingelt, packen wir sofort unsere Sachen und fahren hin.«

Wie bei dem Einsatz auf einem Containerschiff im Atlantik: Der vordere Teil des Decks, das so genannte Backdeck, war beschädigt. Einige Kollegen flogen zum Einsatzort, nahmen Maß und faxten die Daten zur Werft. Während der Fahrt nach Hamburg brannten die Schiffbauer das Deck »sturmreif«. Auf der Werft wurde inzwischen fieberhaft das neue Backdeck gebaut. Kaum hatte das Schiff am Burchardkai festgemacht, wurde das beschädigte Backdeck abgehoben und das neue angepasst. Ein Kraftakt: Bei einer Platte von drei Meter Länge und zehn Meter Breite sind allein sechs Schweißer im Einsatz – rund um die Uhr.

32 Stunden später legte der Frachter wieder ab. »Das war Maßarbeit«, sagt Fikert stolz.

Um der Konkurrenz aus den ehemaligen Ostblockstaaten und Asien standzuhalten, musste Blohm + Voss radikal umstrukturieren. Denn die asiatischen Werften werden beim Schiffbau staatlich subventioniert und können mit Dumping-Preisen auf den Markt gehen. Inzwischen hat die EU zwar auch wieder Subventionen für den Schiffbau angekündigt, aber ob Blohm + Voss davon profitieren wird, ist fraglich. Denn die Unterstützung soll sich auf Tanker und Containerschiffe beschränken.

Blohm + Voss dagegen hat sich auf Yachten, Marineschiffe und Kreuzfahrer spezialisiert. Auch hier zählen vor allem Innovation, High Tech und Konzepte mit Hirn. Ein Bereich, in dem die asiatische Konkurrenz den Hamburgern zwar schon im Nacken sitzt, aber Blohm + Voss noch nicht übertrumpft hat. Immerhin wurden

Schweißer Oleg Kogtev

hier in den vergangenen Jahren die interessantesten Kreuzfahrtschiffe der Welt gebaut: die »Olympic Voyager« und die »Olympic Explorer«.

Die Schwesternschiffe sind mit einer Geschwindigkeit von 27 Knoten nach der »Queen Elizabeth 2« die zweitschnellsten Kreuzfahrtschiffe der Welt. Und nicht nur das: Durch den auf der Werft entwickelten torpedoartigen Rumpf benötigt das Schiff weniger Kraftstoff als ein vergleichbares mit herkömmlichem Rumpf.

Wie sehr High Tech im Vordergrund steht, wird auch auf dem Werftgelände deutlich: Nur noch 40 Prozent der Mitarbeiter sind »Werker«, und 60 Prozent sind Ingenieure.

Mit den Kollegen vom Schiffbau haben die Männer vom Repair wenig zu tun. Vielleicht auch, weil sie sich eher als Malocher sehen. Während die Schiffbauer meistens ein Dach über dem Kopf haben, arbeitet die Reparaturtruppe immer draußen. Fikert und Kogtev können ein Lied davon singen. Aber ein gewisser Stolz schwingt mit, wenn Fikert von seinen härtesten Einsätzen erzählt. Zum Beispiel von dem im Maschinenraum eines Frachters im Winter. Die Männer waren dick angezogen, stiegen runter in den Maschinenraum, in dem Saunatemperatur herrschte. Wieder draußen, gefror ihnen der Pulli, so kalt war es. Oder als Fikert bei Eis und Schnee auf den Ausleger eines Kranschiffs klettern musste, mindestens 50 Meter hoch. »Natürlich flucht man da«, sagt der 37-Jährige. »Aber letztendlich macht das die Arbeit hier so vielfältig und interessant.«

»Interessant« sind oft auch die Arbeitsbedingungen. Die älteren Passagierschiffe haben sehr kleine Tanks, in denen Wasser oder Öl gebunkert wird. »Und da die Schiffe früher noch runde Formen hatten, gibt es Räume, die immer kleiner, enger und spitzer zulaufen«, so Fikert. »Räume, in die kaum jemand reinkrabbeln kann.« Pech, wer klein und nicht zu dick ist. Der ist dann für eine solche »Übung« fällig. »Man kann nicht einen 150-Kilo-Mann in ein Loch reinstecken, in das nur 30 Kilo passen.« Vor diesem Hintergrund ist Oleg Kogtev ziemlich froh, dass er nicht besonders klein und zierlich ist.

Natürlich wurde auch bei Blohm + Voss in den vergangenen Jahrzehnten drastisch rationalisiert. Die Werft, die früher den Beinamen »Mutter Blohm« hatte,

weil alle, die eine Arbeit suchten, hier eine fanden, entließ Tausende von Mitarbeitern. Im Repair und im Schiffbau sind nur noch 1400 Menschen beschäftigt. »Es ist wesentlich hektischer geworden«, sagt Manfred Fikert. »Die Reparaturtermine werden immer kürzer, die Arbeit wird immer umfangreicher. Wir müssen immer eine gewisse Qualität erbringen, aber die Quantität wird immer höher geschraubt.«

In Spitzenzeiten werden deshalb Leihfirmen beauftragt, und manchmal gibt es dann ein Wiedersehen mit ehemaligen Kollegen, die dort untergekommen sind.

Allerdings wird jetzt schon deutlich, dass es bald Nachwuchsprobleme bei den Schweißern geben wird. »Die meisten Kollegen, übrigens fast alles Türken, sind seit Jahrzehnten bei uns und stehen kurz vor der Rente«, sagt Manfred Fikert. Deshalb hatte auch Oleg Kogtev eine Chance. »Wir haben ihn als Leiharbeiter kennen gelernt und sofort weggefischt.«

Derzeit werden schon einige Arbeitslose zum Schweißer umgeschult. Umgeschult ist genau das richtige Wort. »Du brauchst immer mehr Theorie, bevor du anfangen kannst zu schweißen«, sagt Oleg Kogtev. »Es gibt so viel neue Stähle, Edelmetalle und Kunststoffe, und alle Materialien müssen unterschiedlich behandelt werden.«

Auch er drückt momentan wieder die Schulbank – um Schweißwerkmeister zu werden. Denn jetzt schon wissen nur wenige, wann welche Technik eingesetzt werden muss. »Es gibt immer mehr Leute, die nur noch schweißen, wie und was ihnen vorher gesagt wurde, und nur einen kleinen Stamm, der weiß, wie alles funktioniert«, sagt Fikert. Auf jeden Fall will Oleg Kogtev zu diesem kleinen Stamm gehören. Aber obwohl er vermutlich bald sein Zertifikat als Schweißwerkmeister in den Händen hält, bleibt er bescheiden: »Ich kenne meine Grenzen, ich muss noch viel lernen.«

Die in der Elbe liegenden Schwimm-
docks 10 und 11 werden zum Fluten
herabgesenkt

DER HAFEN IM WANDEL

Viele Kräne sind durch die modernen
Containerbrücken überflüssig geworden

Idylle der Vergänglichkeit
am Rande des Welthafens

MONGE
KAPITÄN PRÜSSE
HANSA
HAMBURG

»BLOSS KEINEN STILLSTAND!«

Hafenkapitän Jörg Pollmann über Seelenverkäufer, die Elbvertiefung und andere heiße Eisen

Zu Besuch an der Überseebrücke: das französische Messschiff »Monge«, das mit seinen hochtechnisierten Parabol-Antennen Raketenflugbahnen erfassen kann

Okay, dann schiebt das Schiff mal rüber!« Hafenkapitän Jörg Pollmann gibt seinen Kollegen in Stade grünes Licht. Der Frachter darf nach Hamburg geschleppt und hier repariert werden. Die Stader sind heilfroh, das Massengutschiff endlich loszuwerden. Denn es ist ein echter Seelenverkäufer – und die Seeberufsgenossenschaft hat ihm aus Sicherheitsgründen Auslaufverbot erteilt. Was die Sache erschwert: Der Frachter fährt unter Malta-Flagge, hat einen griechischen Reeder und eine koreanische Klassifikationsgesellschaft. Eine Mischung, die Jörg Pollmann geradezu liebt, wie er ironisch anmerkt. Und die eines verspricht: viel Ärger.

»Würde mich nicht wundern, wenn sich bald die Internationale Transportarbeiter-Gewerkschaft ITF melden würde, denn meistens kümmert sich der Reeder bei Substandardschiffen auch nicht richtig um die Crew«, sagt Pollmann. Bevor er die Einlauferlaubnis erteilte, hat sich der 42-jährige Nautiker beim Reeder, bei der Seeberufsgenossenschaft, beim Flaggenstaat und bei der Klassifikationsgesellschaft gehörig abgesichert. Mit einer Bankbürgschaft musste der griechische Reeder garantieren, dass das Geld für Liegegebühren und die Reparaturen bereitliegt. »Ich muss ja wissen, dass ich das Schiff wieder loswerde«, sagt Jörg Pollmann.

Glücklicherweise nimmt die Zahl der Substandardschiffe, die den Hafen anlaufen, stetig ab. Denn die »Port State Control« überprüft weltweit die Sicherheitsstandards. Auch Deutschland hat sich verpflichtet, die Frachter zu

Das Ausbaggern der Süderelbe und
Aufbauen der aus China angelieferten
Containerbrücken auf dem neuen
Terminal in Altenwerder sind ein Teil der
ständigen Modernisierung des Hafens

kontrollieren. Und die Häfen tauschen untereinander aus, wen sie überprüft haben. »Wer vier, fünf Häfen in Westeuropa anläuft, ist mit Sicherheit mal dran«, sagt Pollmann. »Die Reeder wissen inzwischen, dass wir ihre alten Schluren festhalten, bis die Mängel beseitigt sind – und wenn das zehn Jahre dauert.« Ganz verschwinden werden die Seelenverkäufer nicht, vermutet Pollmann. »Allerdings werden sie hauptsächlich dort eingesetzt, wo man sich keine großen Standards und Umweltauflagen leisten kann: in der Dritten Welt.«

Wer im Hamburger Hafen zu tun hat, kommt am Oberhafenamt und seinem Leiter Jörg Pollmann kaum vorbei, denn als Hafenkapitän ist er dafür zuständig, dass die »Sicherheit, Leichtigkeit und Umweltverträglichkeit des Schiffsverkehrs« gewährleistet ist. Das umfasst so ziemlich alle Schiffe, vom Containerschiff bis zur Barkasse, vom Tanker bis zum Sportboot. »Wir sind für Schiffe das, was für Autofahrer das Straßenverkehrsamt ist«, sagt er.

Pollmann liebt es, für Probleme aller Art eine handfeste Lösung zu finden, mit der alle leben können. »Aus der Hüfte schießen, wie seinerzeit Westernheld John Wayne«, ist seine Sache nicht. Gutes Beispiel dafür: die Auseinandersetzungen um die holländischen Schlepper, die den Hamburger Schlepperfirmen plötzlich in ihrem eigenen Hafen Konkurrenz machten. Nach EU-Richtlinien absolut erlaubt. Allerdings genügten die Schlepper aus dem Nachbarland nicht den Sicherheitsbestimmungen, die im Hamburger Hafen gelten. Dort waren bis dahin ausschließlich Schlepper im Einsatz, die als Seeschiffe zugelassen waren. Letztlich wurde eine Lösung gefunden: Die Holländer mussten beispielsweise zusätzliche Monitore für die Rückwärtsfahrt einbauen. Wegen der neuen Richtlinien wurde extra das Hafengesetz geändert. Hamburg ist nämlich der einzige deutsche Hafen, dem die Rechte über die Wasserstraßen innerhalb der Landesgrenzen vom Bund übertragen wurden.

Klar, dass Pollmann öfter mal der »böse Bube im Hafen« ist, zumindest vorübergehend, wie er lachend sagt. Denn später sind die meisten doch wieder zufrieden, wenn sie merken, dass der Hafenkapitän wirklich für alle eine Lösung sucht. Zeter und Mordio gab es beispielsweise um die Schnellfähre. Pollmann hatte die

Genehmigung für den Katamaran zunächst verweigert. Aus gutem Grund: Wenn die Fähre mit höherer Geschwindigkeit an die Landungsbrücken fuhr, hoben und senkten sich die Pontons um einen Meter. Zum Vergleich: Bei einem Containerriesen sind es 25 Zentimeter. Teilweise flogen die Stahlplatten raus, die die Pontons verbinden. »Wenn Sie auf dem Ponton längsgehen, und da fliegt Ihnen eine Stahlplatte um die Ohren, dann ist das nicht unbedingt das, was Sie erwarten«, sagt Pollmann in seiner trockenen Art.

Gemeinsam mit dem Betreiber und Experten einigte man sich auf Konstruktionsverbesserungen, und der Katamaran erhielt eine Genehmigung mit Auflagen.

Bei den Veränderungen im Hafen spielen Simulatoren eine immer größere Rolle: Schon bevor der neue Containerterminal Altenwerder fertig ist, müssen die Nautiker sicherstellen, dass die Containerriesen problemlos den Terminal anlaufen können.

Im Simulator wurde genau geprüft, wie die Kaimauern verlaufen, wie groß die Wendebereiche und die Fahrwasserbreite sein müssen. Die Manöverdaten bekamen Pollmann und seine Kollegen von der Reederei Maersk, die derzeit die größten Containerschiffe der Welt mit einer Ladekapazität von mehr als 6600 TEU und einem maximalen Tiefgang von 14,50 Meter fährt.

Im Zehn-Meter-Raster wurde im Simulator getestet: Wie verhalten sich Schiffe bei Windstärke 10, bei schlechten Sichtverhältnissen, mit und ohne Schlepper? Das virtuelle Ergebnis: Im Köhlbrandbogen musste die Fahrrinne um 20 Meter verbreitert werden, und die Wendebereiche wurden so angelegt, dass auch zukünftige Containergenerationen dort gedreht werden können.

Im Simulator driftete der Frachter nah an die Pontons mit den Schleppern. »Da entsteht ein enormer Sog, der bewirken könnte, dass sich die Schlepper losreißen und dem Frachter hinterherfahren«, sagt Pollmann. Das wird natürlich nicht passieren. Denn jetzt schon wurden die Schlepperpontons in Neumühlen verlegt.

Die Elbe wurde an manchen Stellen auf 15,30 Meter ausgebaggert. »Mit der Inbetriebnahme von Altenwerder kommen wir ganz schön nah an den Elbtunnel«, sagt der Hafenkapitän. Und so wird der Elbtunnel an beiden Seiten eine Spundwand als eine Art Deckel bekommen.

Oberhafenkapitän Jörg Pollmann

Die Elbvertiefung bleibt sowieso ein ständiges Thema. Auch bei diesem Dauerbrenner wünscht sich Pollmann »eine intelligente Lösung«. Denn für ihn sind beide Haltungen nachvollziehbar: die Wünsche der Reeder, mit ihren Containerriesen problemlos Hamburg ansteuern zu können, und die Befürchtungen der Umweltschützer, die vor erhöhter Sturmflutgefahr und ökologischen Problemen warnen. »Wir können nicht einfach den Spaten in die Hand nehmen, und los geht's!«

Ein Ergebnis dieser Auseinandersetzungen ist es, dass in der Elbe eine Art Sockel gelassen wurde. »Auf der Strecke zwischen Wedel und Cuxhaven hat die Fahrrinne eine Tiefe von nur 14,40 Meter, aber wir lassen Schiffe mit einem Tiefgang von 15,10 Meter aufkommen«, sagt Pollmann nicht ohne Stolz. Das funktioniert nur, wenn man den Schiffen ganz genau vorgibt, wie und wann sie einlaufen. »Die Schiffe müssen bei auflaufend Wasser mit der Tidewelle reinkommen, wie ein Surfer«, erläutert Jörg Pollmann. Schon eine merkwürdige Vorstellung, sich 100 000 Tonnen als »Surfer« vorzustellen. Die Tidewelle trägt sie über die flacheren Stellen des Fahrwassers. Beim Auslaufen dürfen die Frachter einen Tiefgang von höchstens 13,80 Meter haben. Sie werden bei Flut über den Sockel getragen.

Allerdings können schon heute viele Containerriesen den Hamburger Hafen nicht voll beladen verlassen. Deshalb drängen viele Reedereien auf eine schnelle Entscheidung. Denn der Bau eines neuen Tiefwasserhafens in Wilhelmshaven bedeutet nicht, dass die Großen nicht mehr nach Hamburg kommen.

»Es darf keinen Stillstand geben, das wäre für den Hamburger Hafen das Aus«, sagt der Hafenkapitän. Für ihn ist es selbstverständlich, dass heute schon überlegt wird, was morgen ansteht. Deswegen sei sein Hafenamt auch eher organisiert wie ein Privatbetrieb. »Beamte mit Ärmelschonern« haben bei ihm nichts zu suchen. »Wir sind zwar Beamte«, sagt der Jörg Pollmann, »aber wir wissen, wie es draußen zugeht.«

F 99

EIN HAFEN FÜR »SEH«-LEUTE

Auch die Kälte eines Wintertages kann die vielen Besucher nicht davon abhalten, in langer Warteschlange auf der Fregatte vorzurücken

JEVER
Rasch's
KERSTIN

Einer der Höhepunkte des Hafengeburtstages ist das Schlepperballett, bei dem die Kraftprotze des Hafens vor einem Millionenpublikum im Walzerrhythmus »tanzen«

In dem Musicalzelt auf Steinwerder wird nach »Buddy Holly« nun »König der Löwen« gespielt. Schon die Anfahrt über die Köhlbrandbrücke oder mit der Fähre wird zu einem Erlebnis

Silvester zieht es viele Hamburger an die Elbe. Mit Raketen, Böllern und Schiffssirenen werden die bösen Geister vertrieben und das neue Jahr begrüßt

»IM WEITESTEN SINNE BIN ICH AUCH EIN HAFENARBEITER«

Schauspieler Martin Pasching über seine Hamburg-Liebe, die Fähre 73 und »Seh«-Leute

Zwischen Martin Pasching und Hamburg hat es auf der Stelle gefunkt. Schon als der Schauspieler zum ersten Mal mit der Fähre 73 zu seinem neuen Arbeitsplatz, dem Musical-Theater, fuhr. Richtig aufgeregt war er. Schließlich war es sein erstes großes Engagement – und dann direkt die Hauptrolle: als Buddy Holly in dem gleichnamigen Musical.

An den Landungsbrücken stieg er ein und sah schon das Riesenzelt auf der anderen Seite, direkt neben der Werft Blohm + Voss. »An jenem Tag hat die Sonne geschienen, so etwas gibt's ja manchmal in Hamburg«, sagt der 31-jährige Wiener. »Eine tolle Begrüßung.«

An der Elbe, dem Hafen und den Schiffen kann er sich heute noch nicht satt sehen. »Hamburg ist eben das Tor zur Welt, bei uns in Österreich dauert's ziemlich lang, bis man mit dem Schifferl ans Meer kommt.«

Verliebt hat er sich übrigens in zweierlei Hinsicht: in die Stadt – und in eine Frau. »Von Hamburg hab ich noch gar nicht viel sehen können, weil ich so viel gearbeitet habe.« Aber was er kennt, das fasziniert ihn. »Wo, bitt schön, gibt's mitten in einer Stadt einen See?« Und gar der Hafen. »Man muss eigentlich nicht viel Geld ausgeben, um viel zu erleben, der Hafen selbst ist eine Sehenswürdigkeit.«

Allein die Landungsbrücken: Wie auf einem Schiff fühlt man sich da, wenn man auf den schwankenden 700 Meter langen Pontons herumspaziert. Vorbei am Windjammer »Rickmer Rickmers« oder dem Frachtschiff »Cap San Diego«, zwei Oldtimer, die für

Martin Pasching wird für seinen Auftritt geschminkt

immer in Hamburg vor Anker gegangen sind. Früher legten hier die großen Überseeschiffe und die Englandfähre an, heute nur noch die HADAG-Dampfer, die Hafenbarkassen und Ausflugsboote. In dem 200 Meter langen Gebäude hinter den Landungsbrücken konnten die Fahrgäste ihre Tickets kaufen und warten, bis ihr Schiff in ein Seebad fuhr. Touristisch ist die Atmosphäre geblieben: Heute gibt es hier Souvenirläden und Restaurants. Einen Hauch von großer weiter Welt spürt man dennoch. Zumal die Englandfähre nicht weit hinterm Fischmarkt einen neuen Terminal bekommen hat und ständig große Schiffe in Hamburg zu Besuch sind.

Der Fischmarkt ist für den Schauspieler Martin Pasching ein gutes Stichwort. »Das hat schon was«, wenn Aale-Dieter am Sonntag in aller Herrgottsfrühe Fische zum Schnäppchenpreis unters johlende Volk wirft. Am liebsten würde er hier sogar wohnen, mit dem Blick direkt auf den Strom. »Aber vermutlich ist es doch nicht spaßig, jeden Sonntag um vier Uhr von den Marktschreiern geweckt zu werden.«

Immerhin könnte er dann direkt von seiner Wohnung aus an den Strand von Övelgönne spazieren oder den Museumshafen besuchen. »Du liegst irgendwo am Strand an der Elbe, und dann kommt plötzlich ein riesiges Schiff vorbei, und man sieht nichts mehr, weil das riesige Schiff den Himmel zu verdecken scheint, das ist schon gigantisch«, schwärmt Martin Pasching.

So viel gibt es noch, was er entdecken will. In diesem Sommer will er auf keinen Fall die Aufführung des legendären »Hamburger Jedermann« verpassen, mitten zwischen Speichern und Fleeten, in einer traumhaften Kulisse. »Ich genieße es, dass der Hafen auch immer mehr zu einem Veranstaltungsort wird«, sagt der Schauspieler. »Im weitesten Sinne bin ich dadurch auch ein Hafenarbeiter.« Und das nicht nur, weil er einen zünftigen Troyer anhat: Die Garderobe des Theaters war ein Container, Pasching duschte in einem Container, und die Requisiten waren im Container untergebracht.«

Zum Hafengeburtstag im Mai, bei dem sich rund eine Million Menschen über die Landungsbrücken schieben, hat er bislang ein recht distanziertes Verhältnis. Nichts hat er mitgekriegt vom Schlepperballett, bei dem die nicht gerade zierlichen Schiffe Walzer tanzen, nichts bemerkt von den Windjammern, die zu Besuch kamen. Aber das Remmidemmi drumherum ist ihm auf die Nerven gegangen. »Eine meiner ersten Shows war während des Hafengeburtstags. Da die Wände nicht besonders dick sind, kamen dann ausgerechnet bei der Liebesszene zwischen Buddy und Maria so merkwürdige Geräusche rüber.«

Nicht gut zu sprechen ist der neunte und letzte Buddy Holly übrigens auch auf die Kapitäne »seiner« Fährlinie 73. Richtige »Busfahrer zur See« seien das. Nie ein nettes Wort – wenn sie überhaupt mal die Zähne auseinander gekriegt hätten. Das wäre ja nicht das Schlimmste. Aber die Fähren führen in großen Abständen – und dann nicht immer nach Fahrplan. Oft habe er das Schiff nur noch von hinten gesehen, obwohl er pünktlich gewesen sei. »Dann musste ich durch den alten Elbtunnel laufen, was mich mindestens eine halbe Stunde gekostet hat.« Dennoch war der Elbtunnel für ihn »ein Highlight« – wie für die meisten Hamburger und Touristen. Denn der 1912 gebaute Tunnel mit den Jugendstilkacheln gehört zu den Wahrzeichen der Hansestadt. Früher war er für die Werft- und Hafenarbeiter die wichtigste Verbindung zu den Elbinseln – wie der neue Elbtunnel heute und die Hafenfähren. Von daher ist Paschings Vergleich mit den »Busfahrern zur See« auch gar nicht falsch. Schließlich sind die Kapitäne der Hafenfähren auch keine Entertainer wie die Schiffsführer der Touristenbarkassen, mit denen man eine Hafenrundfahrt machen kann.

Die Spielzeit von »Buddy« ist zu Ende und somit auch die von Martin Pasching. Am liebsten würde er trotzdem in Hamburg bleiben. »Wenn ich jetzt schon nicht mehr zu den Hafenarbeitern gehöre«, so der Wiener schmunzelnd, »dann will ich wenigstens ein ›Seh‹-Mann werden.«

POLIZEI

Englandfähre und Speicher am Fischmarkt

CK 11

»FRIEDE, FREUDE, EIERKUCHEN«

Kneipenwirtin Josephin Schüttauf über das Lehmitz und St. Pauli

Als sie ein kleines Mädchen war, übernahm ihr Vater das Lehmitz, das war Anfang der sechziger Jahre. Und natürlich besuchte Josephin Schüttauf ihren Papa manchmal in seiner Kneipe. Hafenarbeiter kamen dahin und raubeinige Männer, frisch von See. Gelacht und getrunken wurde da. Aber was heißt schon »getrunken«: Was ein echter Kerl ist, der gibt sich so recht die Kante.

Lustig ging's zu im Lehmitz. Nicht selten tanzten Männer und Frauen auf dem riesigen Tresen, der quer durch die ganze Kneipe reicht. Überhaupt der Kiez: Die kleine Josephin liebte ihn. In der Herbertstraße, die eigentlich außer für Prostituierte für Frauen tabu ist, ging das Kind aus und ein. Ihrer Großmutter gehörten hier ein paar Häuser. »Das war alles so schön harmonisch«, erinnert sich Josephin Schüttauf. Von allem war sie fasziniert. Und beschloss: »Wenn ich einmal groß bin, dann werde ich die Wirtin im Lehmitz.«

Sie hat Wort gehalten. 1987 übernahm die heute 41-Jährige den Laden an der Reeperbahn 22. Längst hatte ihr Vater ihn an einen anderen Pächter abgegeben.

Josephin hatte sich Zeit gelassen. Als Erste in ihrer Familie hatte sie ihr Handwerk gelernt, war auf eine Hotellerie- und Gastronomie-Fachschule gegangen, auch wenn es fraglich ist, ob sie das Gelernte fürs Lehmitz brauchte.

Als Josephin wieder auf den Kiez kam, hatte sich die Atmosphäre gründlich verändert. Die Seeleute und Hafenarbeiter waren verschwunden. Die Liegezeiten der Schiffe sind zu kurz, um lange an Land zu gehen, und es gibt nur noch 4800 Hafenarbeiter. Neue

Der Fischmarkt steht auch bei mittleren Sturmfluten unter Wasser, weil er nicht durch Spundwände geschützt ist

Hamburgs originellster Markt: Sonntags zwischen 6 und 10 Uhr füllt sich der Fischmarkt mit Einheimischen, Touristen und Schnäppchenjägern

Kampftrinker standen am Tresen: Punks, Hafensträßler, Szenegänger und Touristen stürzten hier gemeinsam ab. Es waren politisch kämpferische und harte Zeiten auf dem Kiez – und so klang die Musik: Heavy Metal und Rock dröhnte durchs Lehmitz.

Legendär war die Kneipe immer noch. Vor allem die Tabletts, gefüllt mit Tequila-Gläschen, das Stück für 99 Pfennig. Unvergesslich auch die Zeit nach der Maueröffnung. Mit den Trabbis kamen die »Ossis« auf die Reeperbahn gefahren. Auf dem Kiez machten viele ihre eigene Ost-West-Politik, auch Josephin. Bei ihr galt eine Ostmark so viel wie eine Westmark. Und ihre Kellner fanden die Trabbis vor der Tür so knuffig, dass sie prompt einen von der Straße und in die Kneipe trugen. Ein Mordsspektakel.

In der ganzen Welt muss sich herumgesprochen haben, dass bei vorgerückter Stunde die trunkenen Gäste auf den Tischen tanzten und womöglich mal der eine oder vor allem die andere einen Spontan-Strip hinlegte. Man war ja schließlich auf dem Kiez.

Aber wie es so ist mit Legenden. Manches kann gründlich missverstanden werden. Eines Abends hielt mal wieder so ein kleiner Touristenbus vor der Tür: Sturznüchterne Engländer schritten zum Tresen, wo jeder auffiel, dessen Pegel unter zwei Promille lag. Die neuen Gäste meinten zu wissen, was sie dem Lehmitz schuldig waren: Mit todernstem Gesicht entkleideten sie sich, bestiegen den Tresen und tanzten los. Das war wohl einer der wenigen Momente, in denen die Lehmitz-Gemeinde sprachlos war.

Auch ihren Mann lernte Josephin im Lehmitz kennen: Eines Abends stellte sich ein Musiker aus Österreich vor, um in ihrer Kneipe aufzutreten. Er blieb. Josephin und er wurden ein Paar und bekamen zwei Söhne. Jahrelang malochte Josephin. »Morgens beim Aufwachen war der erste Gedanke das Lehmitz, abends vor dem Einschlafen: das Lehmitz, dazwischen die Kinder, meine Familie …« Wenn die anderen feierten, arbeitete die Chefin. Immer öfter gab es Ärger mit den Gästen, mal waren die Scheiben eingeschlagen, mal gab's eine Schlägerei. »Mich hat das alles ziemlich runtergezogen. Ich konnte nicht mehr.« Plötzlich hatte sie das Gefühl: »Ich verpasse ja alles: Partys, Nächte durchtanzen, einfach leben.«

Die Absturzkneipe gibt's immer noch. Josephins Ex-Mann hat sie

nach der Scheidung behalten. Sie selbst hat die Szene gewechselt und den kleinen, intimen »Club Surreal« an der Erichstraße aufgemacht. In ihrer mit indischen Tüchern, Sitzkissen und Räucherstäbchen dekorierten Goa-Bar ist eher ruhiges Abhängen oder »Chillout«, wie das auf Neudeutsch heißt, angesagt. Und rein kommt nur, wer »peacig« ist, was Josephin mit »Friede, Freude, Eierkuchen« übersetzt.

Josephins Szenewechsel ist nicht untypisch für St. Pauli. Zu den Nepper-, Schlepper-, Bauernfänger-Lokalen und zu den Absturzkneipen haben sich immer mehr Clubs hinzugesellt. Hamburgs junge Leute erobern sich den Stadtteil. Übrigens nicht nur, was die Lokale und Musikszene anbelangt. In der aufstrebenden Werber- oder Neue-Medien-Branche ist es »in«, sein Büro, seine Wohnung oder gar Loft auf dem Kiez zu haben. Der Markt trägt der Entwicklung Rechnung: Die Mieten klettern ins Astronomische.

Und längst ist der Kiez nicht nur für schlechten Sex, sondern auch für gute Unterhaltung die Nummer eins geworden: Gleich mehrere Theater säumen die Reeperbahn: das Operettenhaus mit Musicals und Comedy, das St. Pauli-Theater, Schmidts Tivoli und das Schmidt.

Am Morgen, wenn die Lichter der Nacht erloschen sind und damit der schäbige Glamour der Neonreklamen, wird deutlich, wie der Stadtteil wirklich aussieht: Die meisten St. Paulianer gehören nicht zur trendigen Szene. Überdurchschnittlich viele Bewohner des Viertels leben von Sozialhilfe und Gelegenheitsjobs, ohne große Perspektiven. Die neuen Nachbarn trennen Welten. Josephin Schüttauf ist diese Diskrepanz nicht gleichgültig. Sie will dazu beitragen, dass die Bewohner des Stadtteils mehr Beachtung und mehr Chancen erhalten. Es gibt eine originelle und hoffentlich effektive Möglichkeit: die Kurverwaltung St. Pauli.

Das Projekt ist so irrwitzig wie überzeugend, so schräg wie einfach. Hamburgs sündige Meile wurde einfach zum »Kurgebiet« erklärt. Besucher können »Kurtaxe« bezahlen – und eigentlich ist das ein kulturelles Muss. Denn ob Hamburger oder auswärtiger Besucher: Für diese Kurtaxe bekommt man ein Heftchen mit Gutscheinen, einzulösen in den so genannten Kurbetrieben. Das sind alle Kneipen und Läden, die die Kurverwaltung unterstützen. Geboten werden beispielsweise eine Tasse Kaffee in einem Szeneladen, Rabatt für einen Cocktail in einer Bar oder ein Kondom. Für alle, die sich auf dem Kiez nicht auskennen, ist das Gutscheinheftchen der reinste Szeneführer.

Das Geld, das dadurch zusammenkommt, wird an Projekte im Stadtteil verteilt. Zugegeben: Die paar Mark sind nicht mehr als ein Tropfen auf den heißen Stein. Aber ein Hoffnungsschimmer ist die Kurverwaltung doch, findet auch Josephin Schüttauf: »Die Kiez-Familie von früher gibt es längst nicht mehr. Aber vielleicht gibt es ja bald eine neue.«

Die legendäre Davidswache, das
St. Pauli-Theater und Schmidts Tivoli
sind heute mit St. Pauli ebenso ver-
bunden wie Sexlokale und Spielhöllen

FILM
CENTER
EROS
LAUF HAUS EROS
BINDING
Lager
Radeberger
Pizza
Ritze
West

Josephin Schüttauf im Lehmitz

Blick über St. Pauli, die Neustadt und den Hafen

BUNGA ORKID SATU
85

FOREWORD

by RALPH GIORDANO

My earliest memories of the port of Hamburg are almost as old as I am (I was born in 1923).

One autobiographical note of particular interest: When my paternal grandfather came to my parents' apartment in Hohelufter Roonstrasse to pick me up for the weekend, we went by elevated railroad, but we didn't take the short route via Barmbeck Station – Kellinghusenstrasse – Hoheluft, we took the much longer route along the Ring – along the port!

The closer the train got, coming out of the Rödingsmarkt tunnel and climbing the elevated tracks before taking a sharp right just ahead of Baumwall, the more I pressed my nose to the window on the left-hand side of the car. At last, the great moment had come: the entire universe of the international port was there below me!

The bulky tugboats on the bustling water of the Norderelbe, reluctantly toiling and belching thick clouds of black smoke; the many teeming launches, each pushing a white bow wave as it plied through the water; the leisurely green ferries of the Hadag Line; the mighty sterns and superstructures of the passenger steamers – the "Albert Ballin" or the "Hamburg" owned by the Hapag Line; the "Monte Sarmiento", "Monte Pascoal" or "Monte Rosa" with the red-and-white smokestacks of the Hamburg-South America Line; at the Überseebrücke (Overseas Bridge) the mighty "Cap Arcona", and an unforgettable moment sometime in the early 30's: the "Europa", sister ship of the "Bremen", almost completely burned out after an accident, smoldering away darkly.

Kommunikation im Hafen:
abendlicher Plausch vom Schlepper
zur Schute

But up ahead always the front of the landing bridges, then still wooden pontoons, bobbing up and down on the water with the tide, the clock tower and water level gage towering above them like guardians of this grandiose panorama. Behind them, the bold stooped arches of the entrance to the Elbe Tunnel across to Steinwerder, and on the opposite shore, sharply defined against the backdrop of the Harburg Hills and their silhouette, the phalanx of slipways and wharves, the quays, the cranes and the stacking halls.

Rising from all of this, the cries, whistles and horns of the great and the small steamers, the hammering of metal against metal, the banging of the riveters united in a single mighty sound – the voice of the port of Hamburg!

Then, in the midst of it all and the ultimate experience: the trip round the harbor, the long one or the short one, a wonderful maritime event despite the seasickness caused by the constant bobbing on the rough water. The huge ships' hulks now frighteningly close: steel hawsers, anchors, monstrous screws, almost close enough to touch; Finkenwerder on the right, Blohm + Voss on the left; entry into the Köhlbrand, and from all sides comes the answer "Hei lücht!" ("He's lying!") in response to the pilot's explanations and information on what we see.

Ah, yes, the port of Hamburg! The delight of my childhood, the top place to go on an outing, transfiguration until the next time, even if that was sometimes a long way off.

But it always had its urban surroundings, a larger metropolitan area, so to speak, and was not separate.

This included – from the vantage point on the Lombard Bridge – the phalanx of Hamburg's churches and towers, from St. Catherine's to St. James, St. Peter's and St. Nicholas' to the real landmark of the city, St. Michael's, a prehistoric monster that the small boy of that time looked up at in amazement, with weathered copper, a greenish tinge and scarred.

This included the Fleete, those wet corridors between Alster and Elbe; the barges with their loads; the high shipping company offices on either side. Also the great lock to the Alster Arcades and, of course, the Speicherstadt, legendary, sometimes strongly scented, and with its open chasms and the raised bales of merchandise always full of life.

Not to forget the wide-ranging view over the majestic ribbon of the Lower Elbe from the raised platform of Hirschpark; the fruit-growing area of Altes Land over there, its sea of white blossoms in spring; and on the river, at low tide and high, ships, ships, ships: Where from? From Shanghai, from Rio, from New York? And bound for where? London, Buenos Aires, Tangier?

Finally the Geestufer from Blankenese and Dockenhuden, the Süllberg, with the tower on top like a diadem – all of this from the shoreline, even though even more impressive seen from the water, an all but Mediterranean scene when the sun shines. For me as a child (as, indeed, today, as well), all of this also belonged to the "harbor".

But then, later, other images were added.

The swastika-draped "Wilhelm Gustloff" came, supposedly the flagship of the "Kraft durch Freude" (Strength through Joy) fleet, to cart "national comrades" to southern beaches, but actually already designed as a troop carrier. The "Führer" came for the launching of what were quite clearly undisguised warships in the port of Hamburg, high above the dockyard workers who cheered him and shouted "Heil" (except for one who – in a world-famous photo – stood there amidst the hundreds with their arms stretched out in the Nazi salute with his arms folded over his chest – bravo, brave man, bravo!).

And finally – the storm that came after the wind that Hitler's Germany had sown – the British Royal Air Force and their American counterparts came bringing death and destruction to Hamburg's harbor.

I will never forget that horrible scene on the morning after the first of four major night bombardments on July 24/25, 1943 – beneath a smoke-filled sky through which no light penetrated, toppled cranes, wrecks rising half out of the water, destroyed pontoons, slipways ripped up like so much paper, buildings with no roofs, nothing but a glowing pile of rubble.

They say that by 1945 more than 100 bombing raids were flown against the port of Hamburg.

One of those will remain in my memory forever.

Neuhof power station, autumn 1944. When the siren sounded, I ran with others who, like myself, had been drafted for racial reasons, toward a bomb shelter locat-

ed beneath a huge chimney – and fell. At that moment, the bomb fell – very close by. In a fraction of a second, I saw and heard the raging flames from a burst line heading toward me, a cloud of infernal heat – but it didn't reach me. A hard, dry thud, splinters rained down on the chimney, and a shockwave that pressed me against the ground – a second bomb had blown out the fire.

All around me, all across the harbor area: fire, smoke, rubble.

Who can fail to understand my feelings when I visit the port of Hamburg today?

Whenever I approach from the south, by train or by car, crossing the bridges over the Elbe, and the incredible picture of the modern port with its rhythm and meter, its confusing and yet ordered ensemble of technical equipment and its container systems, I cannot but feel an almost disquieting sense of admiration.

And that, although I can still hum the song of the proud "Hammonia" –

"O, wie so herrlich stehst du da,
mit deiner Türme Hochgestalt
und deiner Schiffe Mastenwald"
("Oh, how grand you stand there,
with your towers so high
and your forest of ships' masts").

And when I see the filigree structure of the high-arched Köhlbrand Bridge, that's it.

No, I can never let much time pass before I once again set foot on the pontoons of the landing bridges, sit there and order "Scholle auf Finkenwerder Art" (plaice Finkenwerder-style), watch the "Wappen von Hamburg"; guess the gross tonnage or displacement of the ships tied up or entering and leaving the port and look up at Landungsbrücken Station. With thoughts in my head that anyone who has read this foreword will know and hopefully understand.

Since the first time I took in the excitement of this great amphibian fresco from up there with my nose pressed against the window, the port of Hamburg has undergone many changes. And it will continue to do so as it moves with the times.

And yet, framed between the Bismarck monument, Helgoländer Allee and the shut down Süderelbe, the basic picture of its topography will always remain the same.

Like the smell of the sea at high tide – although the sea is over 100 kilometers or 60 miles away...

"IT WAS LIKE A SMALL VILLAGE"

Herta Lührs on Övelgönne, Elbe river pilots and ships

Herta Lührs is more than astonished. "Who, me?" For the life of her, she cannot understand why anyone would want to interview her about the port of Hamburg. "Well, I really don't know anything at all!" Although there is probably no one in Hamburg who has "nothing to tell" about the harbor, this simply is not the case for Herta Lührs. The octogenarian lives in Övelgönne on the Elbe and comes from a family in which her father, two uncles and both grandfathers were river pilots on the Elbe – and she is interested in every ship that she can see from her window.

At that moment a freighter sails past on the river Elbe. Herta Lührs gets up out of her armchair and goes over to the living-room window. "An Evergreen," she says with expert intuition. In the past she would have recognized the Taiwanese ship by the powerful sound of its "typhon" – as a ship's horn is called. She especially likes the sonorous sirens of the Hapag Lloyd giants. "Unfortunately they don't sound their horns very often anymore," she says.

Mrs. Lührs finds it fascinating that many ships these days only require one or two tugs to guide them in, whereas in the old days they needed four. "The ships have become much easier to maneuver. I guess that's because of the new bow thrusters."

Of course she realizes that these tugs are from Hamburg and not from the Netherlands. "If they were Dutch tugs I would have noticed it by the louder sound of the engines," she says. Mrs. Lührs doesn't think it right that the tugboats from Holland compete

for business with the long-established locals and offer their services for cheaper rates. And Mrs. Lührs is not the only one who thinks that way. The "tugboat war" has been a topic of debate all along the coast for some time. Once again it's all about subsidies. The EU allows member states to give financial assistance to their ships so that they can survive in international competition. In the Netherlands tugboats also get these subsidies, whereas in Germany they don't. But it is highly unlikely that the purpose of the subsidies was to allow operators to undercut the prices of their counterparts in other European ports.

Mrs. Lührs can also watch "her" ships in icy, snowy and stormy conditions – at least theoretically. Because the river Elbe is one of those waterways that is navigable for ships in all weathers. The entire river is monitored by radar. In bad weather, additional river pilots operate the monitors and maintain contact with their colleagues and the skippers on board the ships.

Some ships are permitted to dispense with pilots. For ships less than 120 meters long, it is enough if the captain can provide evidence of a certain number of passages in the territory, although for larger ships it is necessary to pass a test.

Although the river Elbe is generally considered to be difficult to navigate, the pilots can't remember there having been any accidents in recent years. But the requirements made of newcomers are considerable: river pilots must have a master's certificate on foreign routes and experience as captain of a ship, as well as regular "training" on a simulator. Another important factor is having a suitable character. "Because sometimes a pilot has to make important decisions," says Michael Nicolaisen, deputy chairman of the Elbe river pilot's association, "and such decisions often need to be made within seconds."

That is why the more than 300 river and port pilots enjoy such a good reputation, and that is also why Mrs. Lührs finds it such a shame that neither her son nor grandsons wanted to follow in the footsteps of their forefathers. The number of pilots has fallen dramatically over the past few years, and this has left its mark on the town of Övelgönne.

"It used to be that almost only pilots' families lived around these parts. Everybody knew each other and most of us were even related to each other. It was like a small village." In the old days, everyone had a boat. "When we were kids, we spent more time on the water than on land." Where a refinery and the Airbus plant stand today, there used to be a beach and an expanse of reeds. "That was my paradise," she says. For her, the "bit of sand" that remains today is hardly worth mentioning. Most of the residents of Hamburg think differently. They come from all over to stroll past Mrs. Lührs' front door. Where else is it possible to feel so close to the sea if not on the beach of the Elbe? Herta Lührs agrees with them in principle. Nevertheless, it isn't very nice at all to watch the place where you played as child become a built-up area. A whole village, Altenwerder, had to be vacated so that Hamburg could build a mega-terminal and hold its position in competition between the major ports. "Maybe it's important for the future of the port of Hamburg and for jobs," she says. "But it's very painful for the residents of Altenwerder."

She feels a bit sad that so many of the former residents have gone away from Övelgönne. The new residents who buy up the (meanwhile expensive) waterfront properties "often don't stay very long". If there is any pleasure to be gained from the discomfort of others, there may be a faint hint of it in her voice when she tells of the inconveniences of living on the beach: no chance of simply picking something from the shops or parking the car in front of the house. She, for her part, is rather proud of being able to manage, even at her age, the hundred-odd steps of the so-called "Jacob's ladder". These stone steps that connect Övelgönne to the rest of the world represent quite a challenge even to young people.

Another ship appears and, naturally, Herta Lührs can't resist having a look. Recently she even got up in the middle of the night as a freighter was being turned right outside her window. "It came so close I thought it would run aground. I couldn't stop watching. I never get tired of watching the ships. It doesn't matter what time of day or night."

However, there is just one minor criticism she needs to get off her chest. It is about the constant debates about deepening the Elbe to accommodate the deeper bows of new ships. "Why should the river have to suit the ships and not the other way round?"

"LIKE A JUMBO JET"

Captain Mischa Richter on giant container ships, tradition and the world's ports

Thick fog prevailed from Rotterdam to Hamburg. Mischa Richter had been standing on the bridge for 18 hours. After a couple of hours sleep, the captain has got back his strength. He carefully watches how one container after another is unloaded. His "P&O Nedlloyd Torres", with its length of 277 meters, width of 40 meters and holding capacity of 5700 TEU, is one of the largest container ships to enter the port of Hamburg. In less than 24 hours, he and his 22-man crew will be putting out to sea again – via Rotterdam and Southampton to Asia and back.

Richter looks like you would expect a captain to look – calm, sovereign and in uniform of course. The 40-year-old thinks that this is extremely important. "Awareness of tradition" is what he calls it. His father and grandfather were both captains too. Tradition is one side of things, modern container ships the other. It was like driving a car: "Once you've driven a bigger car, you never go back to a smaller one."

He is fascinated by how easy it is to steer the giant container ship and by the electronics that have been fitted. "Like a jumbo jet," says Richter. "We have double and triple backup." The sextant, that must never be missing from the bridge, looks quite out of place amidst all this high tech. "Just in case everything does break down, we need to determine our position by conventional means." And that, again, has to do with tradition. Like the ship's bell. But striking the half-hour is something that doesn't happen any more. That is one tradition that even Richter finds too much. "I last struck the

half-hour on the ship's bell in 1978, when I was still a sailor."

Other things on board, however, have stayed the same. The captain still has "his" deck and his cabin below the bridge, so that he can take over control at any time. It is still the third officer who takes the first watch in the evenings, because he is usually the least experienced. As long as this officer is on watch, the captain stays awake to ensure that everything is OK. "The second officer takes over around midnight, and then I can sleep easily," says Mischa Richter.

With a draft of 14 meters, the "P&O Nedlloyd Torres" can only leave the port with rising water. But Richter is used to problems like these. "Hamburg is not the only port where we have problems," he says. Southampton, Rotterdam, even ports in Asia were taken by surprise by the developments in containizeration and in larger ships with greater drafts.

He is glad that, on his trip to Asia, he is only headed for major ports. There people work quickly and professionally. "There's hardly any difference between Hong Kong and Hamburg in that respect," says the captain. "And we don't need to pay any bribes anywhere – as is frequently the case in poor countries."

Nevertheless, the route to Asia is not without its dangers. Ships are attacked again and again. But the "P&O Nedlloyd Torres" is well-equipped to fend off pirates: the walls of the ship are very high so that the men can't gain entry – and the giant container ship is quite fast with a speed of 25 knots.

A trip lasts eight weeks. In contrast to earlier days, exceptionally considerate for families. Of course sometimes he thinks that it's a shame that he no longer really gets to know the countries that he travels to. Anyone who spends one day maximum in the port can either decide to go shopping, go for something to eat or go on an excursion. It's no longer possible to do all of them at one time. But staying in a foreign port was not always as romantic as it sounds. In China, for example, in earlier days, Richter was at anchor there with his crew for two months. The crew was not even allowed to leave the port premises, let alone go on excursions to the surrounding areas.

"How did I manage to kill time in those days?," Richter asks himself. Probably doing the same things that he still enjoys doing in his free time today: reading, reading and reading. While his mates and crew sit in front of the video or the Filipinos spend hours singing to Karaoke, the Capt'n likes to withdraw to his cabin and be on his own.

The pool or gym usually remain empty. Anyone who has worn himself out physically during the day usually has no desire to do exercise in the evening. Because, in spite of all the technology and electronics, manual work is still what is required on board. And not just to polish the shiny brass fittings that are all over the place. "In the engine room and on the deck too, everything is made of iron and steel," says Mischa Richter. "If a small chip of paint comes off during loading or unloading, it soon starts to look tatty. You have to constantly keep an eye on things." The manual work on board is also the reason why 20 seamen are needed.

Richter is happy with his crew – most of whom are Filipinos. The men are not as well trained as sailors from European countries. "But hardly any country outside Europe trains people as well as we do, not even the USA." He is glad that his shipowner pays the rates of the International Transport Workers' Federation (ITF). This has several advantages: A captain has no need to fear a strike in every port and the crew is well-motivated. The captain himself contributes to keeping the crew motivated. Richter, who is not exactly into singing, recently organized a Karaoke competition on board ship. The interest was phenomenal, the Filipinos spent every free minute practicing. "Men get like children," says Richter and smiles. The atmosphere was excellent. Some sailors managed to forget about feeling homesick. While Richter has two months shore leave after being at sea for four months, the majority of Filipinos have to wait nine or ten months before they see their families again.

But the captain, who otherwise gives such a sovereign impression, does admit to one weakness. He is "a little bit" superstitious. "Leaving the port on Friday 13th? I really prefer not to," admits Mischa Richter. "I don't have a black tomcat either – I have a gray tabby."

"GROWTH TENDS TO BE AN INCIDENTAL BENEFIT OF SUCCESSFUL WORK"

Erck Rickmers on container ships, his shipping company and investing in ships

"We are a service-provider," says Erck Rickmers, and this sounds more as if it's about access to the Internet than ships. But Erck Rickmers is the managing partner of a shipping company called Reederei E. R. Schiffahrt and a company called Nordcapital that invests in ships. This company collects capital to finance the building of new ships.

"We are an important partner for major shipping lines and we help them to realize their growth potential," says Erck Rickmers and explains the normal procedure: for example, a shipping line requires three ships each capable of holding 5700 standard containers (TEU). In return, the shipping company would be willing to charter the ships for a certain period of time. Erck Rickmers and his staff then develop a concept tailored precisely to the needs of the shipping company and negotiate with shipyards. After perfecting the details of the transaction, the entire concept is then handed over to Nordcapital, which has the task of transforming it into a business and tax concept. "And, armed with that, we head for the market."

What this means is that an intensive round of advertising then begins – aimed at attracting a sufficient number of investors. After all, a ship of this size costs around 60 million dollars, representing a sum of 10,000 dollars per container storage space. The aim of investors: hopefully a high profit and tax breaks.

Once the container giant has gone into service, E. R. Schiffahrt takes over the management – even if it looks as though the ship belongs to the charter company.

Since 1992, a magnificent fleet

has come together. Nordcapital has financed a total of 65 ships, 19 of which are managed by E. R. Schiffahrt. Another 11 ships will have been built by the end of 2002.

Rickmers arranges for some of the container ships to be built in Germany. This is highly unusual, because it is normally cheaper to order them from Asia. This depends not only on the dollar exchange rate but also, for example, on the fact that Korea subsidizes shipbuilding. Germany is now planning to reintroduce subsidies for container ships and tankers.

The order for seven ships of 5700 TEU that Erck Rickmers placed with the SSW shipyard in Bremerhaven was almost certainly his way of lending support to his home town, but Rickmers denies all sentimentality. "It makes sense financially, otherwise we couldn't afford it."

But he does admit to having a special relationship to his birthplace. After all, the Rickmers family had a world famous shipyard there from the year 1834 (later also a shipping company and agency in Hamburg).

Up until World War II, Rickmers was one of the major employers in Bremerhaven. "1300 out of a total population of 130,000 worked in our shipyard," he says. "After the war, when everything had been destroyed and the fleet had been sunk, my grandfather sent my father to Bremerhaven to rebuild the former shipyard that had, meanwhile, been completely destroyed."

The shipyard, shipbuilding and shipping – almost nothing else in Erck Rickmers' childhood mattered more. "I often went to the shipyard with my father and I started working at the shipyard for the first time when I was aged fourteen – in the carpentry and repair section. It was at the shipyard that I earned the money for my first automobile."

He became a shipping merchant, worked as a shipping agent in the area of finance and controlling. He spent three months on a small container ship traveling to the Persian Gulf and back.

He set up Nordcapital with his brother Bertram at the beginning of the 1990s. This equity investment company has meanwhile become one of Germany's major issuing houses. "My grandfather would have found all this incredible: ships on this scale, partners and investment funds."

There have always been investments in ships. But the investors used to be traders, shipowners and captains. "Of course, these weren't public funds like those today, where hundreds of investors all over Germany make relatively small contributions." By "small contributions," he means a minimum investment sum of Euro 15,000. Nevertheless, this is relatively small considering that the selling price is around Euro 60 million.

During the first few years, Nordcapital limited itself to small and medium-size container ships with up to 2000 TEU and worked with nine different shipping companies. After parting company with Bertram Rickmers, there was a change in corporate philosophy. Nordcapital concentrated on cooperation with E. R. Schiffahrt and, in 1998, Erck Rickmers ordered, for the first time, a 5700-TEU ship from Samsung shipbuilders in Korea. "For us, this was a project of inconceivable dimensions. Many criticized us at that time: The ship was too big, we were being foolish." Rickmers refused to be discouraged. "If people are not sure whether they are doing the right thing, they should always say 'No'."

Nevertheless, he was excited despite this, and the first ship that he officially accepted in the Samsung shipyard in Korea, and which his wife Michaela christened "E. R. Hong Kong", remains his favorite ship today.

When a ship goes into service, the work of every normal shipping company begins: the putting together of a suitable crew, the provision of sufficient supplies for the crew. There needs to be people to contact on land if a fuel pump burns out or a stowaway is found on board who has to be flown back. At the present time, 24 men work on a 5700-TEU container ship. For each freighter, E. R. Schiffahrt plans 1.6 crews to cover periods of vacation. But the sailors do not always sail on the same ship. Modern management provides for changes: The next captain in line unintentionally exerts some degree of social control, so that crew members automatically pay more attention to their ship.

As far as the search for crew members is concerned, Erck Rickmers has the same problem as all shipping companies in Germany. There are hardly any German officers. The reason for this is that there was a wave of registrations under foreign flags a few years ago that resulted in mass lay-offs of

German sailors. At that time, shipowners took advantage of cheap foreign labor. For this reason, they stopped training apprentices. These days seem to be past: Erck Rickmers is not the only one who pays good money when he finds a good management executive and the company has recommenced the training of new recruits.

However, he still doesn't sail under the German flag. Although he welcomes the fact, as do all shipowners, that Germany is moving forward politically. The introduction of the favorable tonnage tax has given shipowners a new incentive to be registered in Germany. Nevertheless, they still complain about the ancillary costs of labor being too high – they are the highest in Europe.

What does Erck Rickmers expect for the future? Does he also dream of mega-ships like the President of Hamburg Chamber of Commerce, Nikolaus Schües, whose ideal ship can hold 12,500 TEU? "No. But like everything else in life, ships are getting bigger – and more efficient as a result – all the time. Over long distances especially, it is obviously cheaper to carry 5000 containers instead of 1000." But Erck Rickmers does not think there is any purpose to be served with a loading capacity of more than 7500 to 8000 TEU at the present time. "Ships are only profitable if their capacity is used to the full," he says. "But perhaps we will see a time when ships capable of holding 10,000 standard containers begin sailing across the seas."

Size for the sake of it is not Erck Rickmers' aim. "Growth tends to be an incidental benefit of successful work." He wouldn't object, of course, to acquiring new large-scale customers. He won't say whether he is thinking of Hamburg's traditional shipping company Hapag-Lloyd. It would almost certainly be welcome. After all, Germany's most famous shipping company is a member of the "Grand Alliance". The five international shipping companies – including P&O Nedlloyd, Malaysia International Shipping Corporation, OOCL and the NYK Line – represent the world's largest container traffic group, and this group is currently the port's major customer.

But in spite of all the work involved, Erck Rickmers has no intention of neglecting his wife, his small daughter, his friends or himself. Two things are of vital importance to him: "lots of time and the art of living life slowly."

"I JUST GOT HOOKED ON THE WATERSIDE"

Container loading bridge operator Thomas Moderau on container handling and automated terminals

In private life, Thomas Moderau loves cowboy boots and the American West. When he climbs up onto his container loading bridge with satisfaction and a determined look on his face, you could almost imagine that he was mounting his trusty steed to ride off into the sunset. And the feeling isn't so very different either. "When you climb up there, and hear the engine spring into life, and you know you can move 1000 tons with a small hook – that is really crazy," says Moderau. And then there's the view: from his cabin – called the "crab" – the 37-year-old can see dozens of rows of containers, hundreds of boxes, the whining van carriers and the river Elbe spread out below him. He is certain when he says, "I just got hooked on the waterside".

But things were not always that way. When Moderau came to Eurogate twelve years ago, it was still called Eurokai and was the second-largest freight handling company after Hamburger Hafen- und Lagerhaus AG (HHLA), Hamburg's major port operating company. Moderau has his father to thank for helping him get the job. Moderau Sr. had been working for Eurokai since the founding of the company in the 1960s. Back in those days no one dreamed for a moment of the important role that containers would play some time in the future. Even in the early 1970s container handling still only accounted for about four percent of total bulk cargo handling and, in the meantime, this figure has jumped to 92 percent.

At first Moderau Jr. was unable to share his father's enthusiasm for the boxes. He started out working

in the packing stations. Unloading the containers, sorting goods, packing, lifting and carrying boxes – not exactly his idea of a dream job. At any rate, he already knew for sure that this would never become his life's work. But the success of the containers was to become Moderau's big chance too. The four transporter-container loading bridges the company had were already no longer able to cope with the increasing volume of cargo. Like the other port operators, Eurokai had to start using more loading bridges, and more bridge operators were therefore urgently required. Moderau applied for a six-week training course. "And, at the time, I didn't even have a license to drive trucks," he recalls with a grin.

In the meantime, Eurogate has grown to become the largest freight forwarding company in Europe, though still only No. 2 in the port of Hamburg. And Moderau has long become one of the old hands. "I have found my dream job now!" he admits.

There is hardly a day when he doesn't relish going in to work his shift. His crew includes three to four lashers, who still mostly loosen the twist locks holding the containers by hand, one checker and two van carriers, who drive the boxes to their storage places.

As a rule, three or four bridge operators with their crews are needed to load or unload a given ship – and work at the port goes on around the clock, 362 days a year. An exact stowage plan says which containers have to be moved where and by whom.

After all these years Moderau is still fascinated by how well-contrived the system is. "The system is set up like a chess board, and so is the hold of every ship," Moderau explains.

His stowage plan tells him exactly which containers stay here in Hamburg. But an ingenious system is needed for him to find the boxes that are to be unloaded. For anyone not familiar with the way of working in the port, the stowage plan is indecipherable. The bay tells Moderau in what position in which hatch he can find the container he wants. The next figures tell him the row, the height, and whether port or starboard.

Between 800 and 1200 containers must be unloaded from each ship. The stowage plan also dictates where the van carriers are to put the containers. There are separate rows for the boxes that are to be sent on by train or transferred

to feeder ships (small coastal boats for containers) for further conveyance. There are also special areas for storing refrigerated containers, over-sized boxes and containers containing dangerous goods. "Even cotton in a container can be considered hazardous material," says Moderau, "and that's not something you'd normally think of as dangerous. But a container full of cotton can self-combust." If everything goes well, a bridge operator and his crew can handle 30 to 35 'throws' an hour.

To prevent a container from getting lost, each one has an identification number: the first three letters stand for the shipping company, then comes a "U" for "unit" and a row of numbers containing information about the size and type of the box. Moderau is sure that "from the identification number, I could locate a container anywhere in the world."

Today most transport companies, shipping agents, quay operators and port authorities in the port of Hamburg are all connected to the DAKOSY data system. A modern port could no longer function without a communication system like this. More than 80 million tons of cargo are handled in the port of Hamburg each year, including some four million container units.

But DAKOSY not only makes it easy to keep track of all port operations. The computerized system also makes it possible to handle the containers more quickly. This eliminates long waiting times and cuts down on annoying paperwork. The "Paperless Port" project is soon to be implemented in all areas of the port. The goal is to be able to handle even fifth- and sixth-generation container ships in the space of one day.

Handling the containers requires unwavering concentration. There are good reasons why bridge operators are required to take at least a half-hour break every 2 hours. Thomas Moderau can't afford to make any mistakes. The slightest distraction could cause him to deposit a container in the wrong row, where it might never be found again. The worst nightmare of every bridge operator is to drop a container, possibly causing physical injury to himself or one of his crew – or even killing one of them. Anyone who operates a loading bridge "must have a lot of faith in technology. Otherwise you're lost," says Moderau.

And he knows what he's talking about. It almost happened to him once. He wasn't paying 100% attention for a fraction of a second. Just like the 50 times before, Moderau had picked up a container and wanted to guide it into the loading hatch. But by mistake he set the box down on the edge of the hatch. The container tipped and strained at its ropes with the force of all its 30 tons. There was a sharp jolt and Moderau feared that his cab would be torn out of its moorings and plummet downwards with him inside. "I thought I was a goner!" Moderau says. But he was lucky. "It's the same as when you have a car accident. You need to get back up on the bridge right away or else you'll never get over it." One moment of fear – and he went back up to the bridge.

Moderau is a perfectionist. "I give my job all I've got," he says. "I owe that much to my company. After all the company gives me work." And that is something that nobody can take for granted in the port sector these days. In just twelve years, from 1988 to 2000, the number of port workers in cargo handling declined from 8900 to only 4800. "One day the freight handling companies will be able to get by without us," says Moderau. Even loading bridge operators like himself, he is certain, will be superfluous one day. "The most modern bridges are equipped with automatic controls – they run all by themselves."

In Rotterdam, for example, there are already so-called "dead" terminals, where hardly anyone works. And in Hamburg a high-tech logistics center that will be the only one of its kind in the world is being built in Altenwerder and will be able to handle 1.9 million standard containers. At the four berths, today's largest container ships with 8000 TEU can be loaded and unloaded in record time. Because the 14 automated container loading bridges are operated with only two crabs. Driverless van carriers transport the boxes to where they are to be stored. Cranes take care of stacking them – also fully automatically. All the bridges, vehicles and cranes are linked up to each other and controlled from one central point.

The new technology is a source of fascination for Moderau. He is not only a trainer for bridge operators, but also for automated equipment. "You can't halt progress, and it's fun to be part of future developments in our area of work," he says, "even if we may be doing ourselves out of our own jobs."

"I NEED TO BE ABLE TO STACK HIGH!"

Walter Liedtke on modern warehousing

Anyone who hasn't been to the port for a few months may sometimes not recognize the place. Here an inner harbor basin has been filled in, there a company has moved, and somewhere else things have moved a bit closer together. So that port of Hamburg doesn't burst at the seams, efforts are made to utilize every square meter. "Space has become an extremely valuable commodity," says Walter Liedtke, responsible for distribution at Cellpap. Even Hamburg's largest terminal for forestry products (annual volume: 1 million metric tons) is trying to cutting down on the number of locations. Today only two of the former three terminals are used – in Dradenau harbor and on O'swald pier. But the combined total of 48,000 square meters of the two warehouses at Dradenau are now being used to 90% capacity. Rolls of paper are stacked up to a height of ten meters – as far as the eye can see.

"I need to stack high," says Walter Liedtke, "otherwise I'd need too much space, and space costs money." 12 to 15 tons of paper can be stacked on an area of one square meter. "And, nowadays, paper is rolled so tightly that you can get up to ten kilometers on one roll instead of the six we used to get."

Because of the high costs, many companies try to manage without their own warehouses. "Instead they requisition what they need from us and we need to deliver fast and reliably," explains Walter Liedtke. "The number of goods handled has gone up by a third."

That's why speed is of the essence at Cellpap. "Every truck that arrives to pick up an order should be loaded and gone within an hour

and a half at the most," is their motto. Like everywhere else in the port, nothing goes without computers. Data processing is used to control all warehousing management. Roll numbers and weights no longer have to be copied manually from the roll by warehouse operators but are now scanned in. Even modern forklifts have become much more efficient. "The devices used to have just one steel arm that could hold one roll, today they have two that can hold six to eight rolls," says Walter Liedtke.

To allow optimum use of the 170,000 square meter facility and to avoid having any "dead" space, the company also acquires goods that have nothing to do with paper, pulp or wood. After all, Cellpap is in a position to handle containers and conventional cargo and to service ro-ro ships with their hinge-down loading ramps. That's why Dradenau harbor is called a "multipurpose" terminal. And not only the terminal is multipurpose – the 140 employees are too. "When there are fewer trucks to attend to, the men help with loading and unloading goods or give instructions to people on the ship," says Walter Liedtke.

Everybody has to use their head: anyone going into the office – i.e. the service point where the orders are assigned – needs to know what persons or equipment he needs for the job.

In contrast to the hectic pace at major container terminals and compared to the huge ships that land there and quickly cast off again, Dradenau harbor almost seems like a health resort. It's fairly safe to stroll about the terminal, watch how small freighters – that look like proper ships – are loaded and unloaded. You can have a look at the goods that are waiting to be transported on: for example truck lower sections all lined up in neat rows. This is called general cargo and differs from containers and bulk cargo like coal and iron ore that is stored at the Hansaport not all that far from Dradenau harbor. "Of course it's more exciting when a Mercedes 600 is being loaded than just another container that you can't see inside." But the number of containers is rising at Cellpap too.

The port authorities expect the number of standard containers handled by the port of Hamburg to double to 8 million by the year 2010. "We used to need more berths for the ships, today we need more storage space. This is because the amount of cargo carried

by five ships in the 1970s is brought in by just one ship today," says Olaf Mager, spokesman for Hamburger Hafen- und Lagerhaus AG (HHLA), Hamburg's major port operating company. The municipal HHLA runs Cellpap and also Burchard pier, Hamburg's largest container terminal. Olaf Mager believes that, in spite of growth, the storage space in the harbor will suffice for a long time to come. This is because many companies are no longer dependent on free ports or have no need to be close to a harbor. "Some German states are trying to attract warehouses away from each another," says the spokesman. Although this means longer distances, local governments and municipalities offer attractively low rates of trade tax or lower wage costs and there are no harbor fees to pay. One well-known example: the mail order company Otto-Versand has just built a new warehouse in Saxony-Anhalt on a greenfield site.

But even better than paying low rates of trade tax or lower income taxes is not having to pay any at all. Today's customers expect to order the goods today and have them delivered tomorrow. "This basic principle has changed the way we do business," says Olaf Mager. "These days the highway can be called a warehouse on wheels." A fairly risky principle: a few years ago the machines in an automobile factory stood still because truck drivers were on strike and no new materials could be delivered.

The Cellpap terminal is also situated outside the free port. No problem for Walter Liedtke. "It is perhaps better to store certain high value merchandise like spirits, cigarettes and computers in the free port," he says. After all it is not so easy to smuggle goods past the customs officials. "We always say: every finger of every harbor employee has eyes. If people can see goods, they are more likely to stick their fingers in and steal something."

For this reason, Cellpap is guarded day and night, and certain goods are protected against unwanted interference by box pallets. But Liedtke doesn't lose any sleep over petty theft. "Who'd want to steal a roll of paper? Of course, if anyone did, they certainly wouldn't need toilet paper for a long, long time."

"A TEA-TASTER'S MAJOR ASSET IS HIS TONGUE"

Frank Pauls on tea, tradition and Speicherstadt

If you imagine the "Speicherstadt" without the cars, the self-contained warehouse complex district located in the free port and riddled with its canals looks like a relic from a past era. "The teacher who taught my teacher was still delivering his samples in a horse-drawn carriage," says Frank Pauls, tea-taster and company secretary of the tea import and trading company Hälssen & Lyon. Naturally the days of horses and carriages are long past, but even today you can still watch how boxes and bags are hoisted up on rope winches and pulley blocks to the upper storerooms.

Hälssen & Lyon was the one of first companies to move to Speicherstadt in 1888. The firm represents much of what goes on behind the picturesque brick facades: a mixture of traditional and modern, a flurry of business activity combined with typical Hanseatic cool-headedness. This is particularly obvious in the heart of the company, the tasting room. With aluminum tins stacked on wooden shelves up to the ceiling, the wooden counter and the copper spittoons, the room looks like a cross between an old-fashioned apothecary and a commodity exchange. This is because there is not only tasting and evaluation, weighing and examining going on here at any particular time – but also loud haggling about prices and the taking of orders on the phones.

Nevertheless only three or four tea tasters in the company are allowed to make the important decisions. Frank Pauls is one of them. And at the age of 34 he is also the youngest by far. "My

teacher always said to me: tea is so complex, a lifetime is not long enough to learn everything you need to know."

Anyone who wants to become a tea taster must first complete the training to become a wholesale and export clerk. Beginners can also participate in tea tasting or, to be more precise, they can join in afterwards. "Before somebody is allowed to make decisions about tea, they need to have five to eight years of tea-tasting and evaluating behind them – and have learned to keep their mouths shut."

It takes patience to appreciate the heterogeneity of this beverage. "A tea-taster's major asset is his tongue."

Surprisingly enough, it is not necessary to have a higher than average sense of taste. "It's all a matter of training, just like a marathon runner has to train every day," says Frank Pauls, who has run in the Hamburg marathon. Pauls pours some golden brown tea into white china cups. "Bright color in the cup, pleasant aroma, light Darjeeling character – quite obviously first flush." And then, so that the amateurs in the room can also appreciate what's going on, he explains: "This is like the white wine among the Darjeelings. The second flush is more full-bodied – similar to red wine." He sounds as enthusiastic as if he were drinking his first cup of the day. Hard to believe that the "teaologue" had already tasted (not drunk, of course) between 300 and 400 cups. The rest lands in the copper spittoon.

The Hamburg tea-tasters have maintained links to plantations in China, India, Sri Lanka, Japan, South Africa, on Mount Everest or K 2 that developed over the course of decades. For Frank Pauls, these people have long since become much more than business partners. "Having friends all over the world is really a wonderful feeling," he says. Visiting the plantations – or "gardens" as teaologues say – has given Pauls a whole new feeling for his "product". "You come full circle. Now I can talk about the bush as well as about the finished product." And about how important it is to have the tea leaves expertly picked, shipped, dried and rolled.

Even though not nearly as much tea is drunk as coffee, Frank Pauls is convinced that tea has a future. And not only that: "tea makes you happy, tea is trendy."

The figures certainly sound impressive. The warehouse with its 20,000 square meters and modern high bays can hold up to 7000 metric tons. "When you think that up to 20,000 tons of tea are consumed each year in Germany, we could supply this market alone for three to four months."

However, Pauls is less optimistic when he talks about the future of Speicherstadt. Because once again politicians and city planners are casting lustful glances at the pretty warehouses and their surroundings. In the early 1990s the city was forced to put their ambitious plans for the property on the back burner. At that time, the declared aim was to move many of the old firms out of Speicherstadt and sell the complex to investors who wanted to build expensive lofts and fashionable shopping arcades. The "attack" backfired and the brick warehouses were finally classified as historic buildings. Now things are getting serious. The "HafenCity" development, with 5500 apartments and office buildings, is being built on a 155-hectare property right next to the 310,000 square meter Speicherstadt and is intended to provide jobs for 20,000 people.

Speicherstadt and HafenCity are to lose their free port status – and become completely normal city districts – right in the heart of the city. Up to now, being located in the free port meant that goods could be stored, processed and refined here and did not need to be cleared through customs until they were ready to be shipped to somewhere else in Germany. In the future, merchants are supposed to operate bonded warehouses, which will mean a lot more effort and expense. And they need to furnish bank guarantees to cover potential customs debts. No wonder then that many of the around 400 traders in Speicherstadt fear that they may be driven out so that the property can be leased at higher rates.

Much more than half of the tenants are carpet dealers and 20 percent are warehousemen. But many are worried about the fact that more and more Internet companies and advertising agencies are moving in – naturally not into the rundown lofts but rather onto luxuriously appointed floors.

Even Frank Pauls is among the skeptics. "It would be a real shame if the last remaining warehousemen and merchants had to leave here because the rents have tripled or quadrupled."

The landlord of Speicherstadt, the municipal Hamburger Hafen- und Lagerhaus AG (HHLA), Ham-

burg's major port operating company, wants to take away the fear of change felt by the old traditional firms. "We have no intention of turning Speicherstadt into an office complex," pledges HHLA spokesman Olaf Mager. "And what would Speicherstadt be without the scent of coffee and spices in the air?" But he assumes that the world's largest self-contained warehouse complex will gradually take on other functions.

Partly also because the storage conditions for many companies are no longer ideal. This was the reason why many were leaving Speicherstadt today.

This is precisely the reason why Hälssen & Lyon have their warehouse outside the free port. Storage over five floors required too much effort and transport was too complicated. "It is difficult to move goods fast and on a large scale inside Speicherstadt," says Frank Pauls.

But, Pauls is firmly convinced, for companies with low handling volumes, storage conditions were still excellent. This is because the warehouses, with constant temperatures that do not go below 4°C in winter or higher than 17°C in summer, offer ideal climatic conditions for carpets, spices, tea, coffee and cocoa. Attempts are even being made to reproduce this atmosphere in modern warehouses. "For many companies Speicherstadt offers possibilities that are not in the least old-fashioned but perfectly adequate," says Frank Pauls.

Of course, there are also disadvantages to having the Hälssen & Lyon warehouse and headquarters separate from each another. "A Hanseatic merchant should really sit beside his goods," says Pauls. "But Speicherstadt is where we belong." Speicherstadt is the site of Europe's largest carpet store and the place where port companies and those who have dealings with the harbor have traditionally had their headquarters. "Anyone who sees how we work here can only be in favor of things staying the way they are. Otherwise a living part of Hamburg will be lost."

"WE STRUGGLE FOR SURVIVAL EVERY DAY"

Wolfgang Richter on inland waterway transportation

The freshly washed laundry flutters in the breeze and a few potted plants adorn the deck. The captain stands in the wheelhouse leisurely steering his push-tow with its lighters piled high with coal up the river Elbe. An idyllic scene that has meanwhile become rare on the rivers of Germany.

At the moment Wolfgang Richter, skipper of the "Birk B.," has no time to smoke his pipe. And this powerfully-built man did not get his muscles from training in a gym. The 57-year-old skipper with the short stubble of gray hair from Saxony-Anhalt is less like a captain than a laborer of the old school. The days when a captain simply guided the barges with his push-tow into the port and then waited while dock-workers took care of loading, unloading and cleaning have long gone. "We have to pitch in too." Which means that Wolfgang Richter's working day often lasts between 16 and 18 hours. He, his helmsman and his boatswain usually get up at 5 o'clock in the morning. They need to start up the two diesel engines. "It's not like a car where you just get in and drive off." Oil has to be pumped in and water needs to be filled up and the machinery must be checked through.

Then they can set off. Lately the distances have been short. The pusher barges (also called backs or lighters) are maneuvered up to the ocean-going ships. They are then loaded and the individual containers linked together. "With wire rope 28 centimeters thick – that's enough to make your back and arms ache."

Like almost everything else, freight can be loaded and unloaded fairly quickly these days. "800 tonnes in three, four hours – that's nothing," says Richter. The technology has improved enormously. Back in the old days in East Germany, it sometimes took two days for that amount. "Often, all that the dockers had as equipment were shovels."

One trip that Richter and his two men make frequently: taking coal on board in the Hansaport for delivery to the power station near Hanover. Then another journey of 20 kilometers from there – without a load – to Braunschweig to pick up empty containers. But Wolfgang Richter prefers going up the river Elbe towards the Czech Republic. He can't get enough of the countryside they pass. Although, a trip to Magdeburg, that's not bad either. "Uphill we need two and a half days for the 300 kilometers." By "uphill" Richter means against the current. "Going downstream we can cover the same distance in two days."

Between six and eight kilometers an hour is their average speed. "When the water's up, we can sometimes manage 15 to 16 kilometers an hour," says Richter. "You notice the difference when you see how much gas you've used."

But the upper reaches of the Elbe are unpredictably dangerous waters. There are constant problems with the water depth, which in some places is as shallow as 90 centimeters. The closer one gets to the border the less water there is in the river. The Czechs are responsible for the locks. "Because those people have nothing and it costs money to turn on the tap, they let in more water only if they have no choice," is Richter's explanation. "Between Magdeburg and Geesthacht, on the other hand, we often have to take a detour through the Elbeseiten-Canal and that costs canal fees."

A trip is only worthwhile with loads weighing at least 750 to 1000 metric tons – and that of course requires a greater draft. "It's not worth casting off with a draft of less than 1.6 meters."

The cities to the West that compete with Hamburg – Amsterdam, Rotterdam and Antwerp – have, with the Rhine, a much more hospitable river at their disposal. But despite the difficult conditions, Hamburg is nevertheless Germany's third-largest inland harbor. Ten million metric tons were carried to and from Hamburg last year. The volume of freight is lower this year – although inland waterway transportation has seen rec-

ord-breaking turnover and growth by 6 percent. Erwin Spitzer, a spokesman for the German inland navigation association, is optimistic about the future. But he does think that bulk cargo ports like Hamburg will have a hard time getting any benefit out of this positive trend. Bulk cargo transport is on the decline in Hamburg too. And the decision to build a deep-water port in Wilhelmshaven has been a bitter disappointment to barge owners. "The route through Jade Bay takes too long," says Spitzer, "and it would take decades to build a decent waterway link." Not to mention the financial aspects. The barge owners have been complaining for some time now that too little is invested in extending the waterways. Railways and roads had always been given priority. And that in spite of the fact that transport on riverboats is much kinder to the environment.

Skipper Wolfgang Richter is busy doing "whatever work still needs to be done". Sometimes this means that they might have to take out and weld a broken pipe. The most effort is involved in cleaning the barges. The are constant changes in the kind of load and each change means that the barges must be cleaned – sometimes of the remains of potash, sometimes the remains of rice. When it's drizzling it's almost impossible to get a barge dry again before it has to be reloaded. And, of course, everything must be done fast, faster, ever faster. "We sometimes jokingly call ourselves barge-maids – sort of like housemaids, only on the river."

There is a disappointed tone in his voice when the 57-year-old talks about the changes taking place in his line of work. And he is not the only one who feels like this. "For many barge owners, the pressures of working on the river are too much to bear," explains association spokesman Spitzer. The main reason for this development was the abolition of fixed rates in 1994. "Used to be you could look up in the fee table how much it would cost to take a load from A to B, but these days freight rates are freely negotiable," says Erwin Spitzer. To come to terms with these changed conditions, some shipping companies had little choice but to lay off large numbers of workers. In return they offered former employees the opportunity to buy, lease or charter the ship they had last worked on to continue working as self-employed barge operators. Many took up the offer.

The shipping companies for which these barge operators work continue to negotiate the shipping rates. To have any chance against the competition, many barge owners are forced to offer their services for less. The shipping rates have gone down by as much as 80 percent. At the end of the day it's the independent barge owners who are the losers: working 16 to 18 hours a day, no guaranteed vacation – that not many of them could afford anyway – and low earnings. Most of them are hoping to keep their heads above water until they can retire. Many have problems scraping the money together for repairs.

For Wolfgang Richter, the problems began even earlier – brought on by the German reunification. This true "Ossi" (nickname for East Germans) worked for the East German shipping company Deutsche Binnenreederei (DBR) for 33 years. This came to an end at the beginning of the 1990s. "Of 3500 employees, 700 were laid off." Richter was one of them. "That really hurt." More waves of layoffs followed. Today, there are only around 300 employees left.

Since then Richter has worked here and there as a skipper for former DBR workmates who were also laid off and who became self-employed. His present boss is one of them. Wolfgang Richter started working for him almost three years ago and took over the "Birk B.". When he first saw the ship, he couldn't believe his eyes: it was "his" boat, the one that he had driven for many years in former East Germany. "I picked it up new from the shipyard in the Köpenick area of Berlin in 1969," he remembers with emotion. "I was 21 years old at the time." Of course, at that time, "Birk B." had a different name: "SSS 2610" – ("Schubschiff-schlepper 2610"). Even his workmates are all old friends. "But the way we used to stick together in those days, there's nothing like that any more," he reflects. In the evenings, after a long day of work, he no longer has any great desire to play skat with the others or join them to watch television in the narrow galley that doubles as recreation room. "In the evenings I just want a bit of peace and quiet."

Fortunately, he hasn't lost his passion for inland shipping. Maybe it has something to do with family tradition. His grandparents and parents were barge owners on the Elbe before him. His mother tried to spend as much time as she could on board with his father. For that reason Wolfgang Richter spent four years in a home for the children of barge owners. "I enjoyed that time," he says. "And we kids spent every spare minute on the boat with our parents." At night we dropped anchor somewhere, met up with other barge families, played games and told stories. The family always had a couple of rabbits and chickens on board that could end up in the pot if necessary.

His parents wanted to stop him from leading "the life of a gypsy" that they had. They even arranged for him to begin an apprenticeship as a car mechanic. "But I said to them: It's either the river or nothing for me." Even today, he can't imagine doing anything else. Recently, in a moment of weakness, he went out and bought several big expensive books about inland navigation. "Oh dear, I still have to confess that to my wife," he says and beaming. "We never had such beautiful books in the GDR."

"AND THEY LET THE BIG FISH GO"

Customs officer Volker Biermann on the Black Task Force and drug smugglers

A summer night. Nobody pays any attention to the small motorboat that approaches the Columbian freighter in the port. Silently a diver slips into the water. He knows what he is looking for: a box with a size of one-and-a-half cubic meters mounted to the outer plating of the ship. A short time later, the man in the neoprene suit reappears – with the box. Now things get hectic on board. The accomplice hauls the loot onto the deck. The sportsboat disappears again back into the night. On land, the men will open the box using welding tools and recover around 60 kilograms of marijuana.

The smugglers have long gone, but customs officer Volker Biermann and his "Black Task Force" have not been left empty handed. The men had obviously been disturbed because, later on, the drug officers find the neoprene suit and the cut-open box. And as regards the tricks of the drug mafia, the drug officers are helped by accident. "A sailor that we caught confessed."

This happens only rarely. Anyone who gets involved in organized crime knows that it is better if he keeps silent forever. "Anyone who tells all, is next for the chop," says Biermann. Anyone who keeps their mouth shut can be reasonably sure that his children can keep going to school without being molested or that the family will not be harmed in any way.

Biermann used to search for spirits, cigarettes and other prohibited goods in bonded maritime ports. "You can probably imagine that we weren't exactly popular in the port," he says.

But then the drug problem got worse all the time. In 1986, an additional drug task force was formed. Its place of work: the free port. This is not normally an area where there is anything for customs officers to do. The whole attraction of the free port is the fact that goods can be stored and handled there free of customs duties.

Before Volker Biermann started working for the customs authority, he spent 14 years at sea. He started off as a ship's boy, and later got his captain's certificate. By the way, Biermann is not the only one. Almost all of his 15 task force members were formerly seamen. It also makes sense. "We know our way round ships and know where people can hide things."

The officers keep finding parcels in hatches or in the engine room. The search in the engine room is made much more difficult by the smell of lubricating oil. It is almost impossible to use tracker dogs. "The dogs lose the scent."

The substance is frequently hidden under the wooden gratings in the hold, this is a type of wooden floor with hollow spaces so that air can circulate. "There we also managed to find what is frequently called 'smuggle jackets'," says Biermann. These are jackets with pockets in the lining in which parcels can be carried unnoticed. This is especially popular in winter. Anyone leaving the port at the change of shift wearing such a jacket and amongst a crowd of people has a good change of getting away.

Usually only one member of the crew is involved in smuggling – that is the experience of the Black Task Force. When Biermann talks about men like these, there is compassion in his voice. "I went to sea for so long and know how poor the people are in these countries – with no hope for the future." That also makes them all the more easily tempted if somebody makes them an offer. Smugglers often get around 3000 dollars for their first job. They don't usually realize that they will never be free again and have put themselves forever in the hands of the Mafia.

"The worst thing is that we only ever catch the little fish," says Biermann. "And they let the big fish go."

Lately, the sea chest has become a favorite hiding place; this is an opening in the outer plating where cooling water is drawn in for the machinery or the bilge keel (a type of stabilizer) of the ship. "There we

can't do anything, we have to call for police divers."

Or drug packages are thrown overboard before reaching the port but somewhere along the Elbe. Well-packaged and tied, for example, to an empty floor wax canister that acts as a float. A motorboat picks up the freight and the smugglers store their haul in boxes laid into the ground in the region they call the "Old Country" (Altes Land). "They close the lid, cover it with grass and nobody can see anything." They've seen it all.

Searching for drugs is like looking for a needle in a haystack. What annoys Biermann is that "the spirits and cigarette team find something two or three times a week" – and his team manages to bring off a coup every two or three months. Nevertheless, a container testing system has been in use since 1996. It can be used to X-ray an entire container. "A well-trained eye can identify the cargo using this technology and notice discrepancies against the customs documents."

The officers are not always as lucky as they were recently. The Black Task Force was tipped off that drugs were to be found on board a certain ship. And then a black Mercedes drove into the free port and a well-dressed man asked whether a certain container – that just happened to be on board that same ship – had arrived yet. "A lot of freight forwarders ask about their containers, but nobody knew this man."

An employee in the handling company notified the Black Task Force. Just to be on the safe side, he made a note of the visitor's automobile number.

"When it comes to drugs, everybody in the port sticks together like a family. The situation is completely different from that of the spirits and cigarettes crew," says Biermann. "This is because every docker, every shore-fast, every tug driver and every port worker has a family – and every one of them has a great interest in our appearance," says Volker Biermann. "Even if we are rarely successful, at least we are making ourselves visible."

"OUR FLEXIBILITY KEEPS OUR HEADS ABOVE WATER"

Welders Oleg Kogtev and Manfred Fikert on Blohm + Voss shipyard

Oleg Kogtev was almost speechless. Never in his life had the 28-year-old welder from Kazakhstan seen anything like this with his own eyes. "A ship! 120 meters long." Five years have passed since he had this experience. Kogtev had just arrived in Hamburg and started his first job as temporary worker on the Norderwerft shipyard.

At the time, he never dreamed that, just a few months later, he would be working permanently for Hamburg's traditional shipyard – for Blohm + Voss. He was just as unprepared for what awaited him here: Ships up to 300 meters long. "And so big as could make you feel scared" – the operative word being "could", because there is no trace of fear in Kogtev.

In fact the opposite is true; he is fascinated by the big tubs and, above all, by the very varied work. "Every day we get new jobs to do, we always have to be flexible and on standby, always find solutions up our sleeves," confirms Manfred Fikert, master in the welding shop. "Somebody comes and asks: How can we do that? And you have to think of the right way."

The people in "Repair", the 37-year-old is convinced, are very special people, maybe comparable to a fast task force for ships. This is because, in spite of its good reputation, Blohm + Voss always has to think of ways of keeping up with its competitors. These are not just other shipyards in Hamburg. The Sietas shipyard, to which the Norderwerft also belongs, builds smaller container ships; the Theodor Buschmann shipyard primarily repairs harbor ferries, launches and pontoons.

As far as repairs are concerned,

the competition is international. "The shipyards in the East are one to two-thirds cheaper than us," says Fikert. "Although it usually takes them longer." The people in Hamburg, on the other hand, "always do the things that nobody else can or wants to do, or that have to be done fast or are particularly complicated."

The men used to work in set shifts. Although there are still shifts today, work is done when it happens to come up or when a ship needs assistance. "We always arrange ourselves to suit the ships and not the other way round," says Manfred Fikert. "This lets us keep our heads above water. When the phone rings, we pack our stuff together right away and off we go."

Like, for example, the assignment on a container ship in the Atlantic. The front part of the deck, the forecastle-head, was damaged. Some colleagues flew to the site, took measurements and faxed the data back to the shipyard. During the trip to Hamburg, shipbuilders got the deck ready for "storming". Back at the shipyard, there were feverish efforts to build the new forecastle-head. The ship had hardly moored at Burchard Quay when the damaged forecastle-head was raised up and the new one fitted in its place. A major achievement: just making a plate three meters long and ten meters wide takes six welders working round the clock.

The freighter set off again 32 hours later. "That was work made-to-measure," says Fikert proudly.

To keep up with competition from former East bloc states and Asia, Blohm + Voss was forced to undertake radical restructuring. Asian shipyards receive State subsidies for shipbuilding and are able to enter the market with dumping prices. Although the EU has meanwhile announced that subsidies will be reintroduced for shipbuilding, it is uncertain whether Blohm + Voss will get any benefit from this. This type of aid is to be limited to tankers and container ships.

Blohm + Voss on the other hand specializes in yachts, naval ships and cruisers. Here too, what counts is mostly innovation, high tech and intelligent ideas. Although the Asian competitors are breathing down their necks in this sector also, they have not yet managed to outperform Blohm + Voss, the shipyard that, in earlier years, built the fastest cruising ships in the world: the "Olympic Voyager" and the "Olympic Explorer".

With a speed of 27 knots, these sister ships are the second-fastest cruising ships in the world after the "Queen Elizabeth II". And not just that: As a result of the torpedo-shaped hull, the ship requires less fuel than a comparable ship with a conventional hull.

The domination of high tech is also obvious in the shipyard. Only 40 percent of employees are "workers" and 60 percent are engineers.

The men from Repair have little contact with their colleagues in Shipbuilding. Maybe also because they see themselves more as the "workhorses". While the shipbuilders normally have a roof over their heads, the Repair crew always works outdoors. Fikert and Kogtev can tell a thing or two about that. But there is a certain degree of pride in his voice when Fikert tells of his toughest assignments. For example, in the engine room of a freighter in the middle of winter. The men were dressed warmly and descended downwards into an engine room where the temperature was comparable to a sauna. Once outside again, their pullovers froze because it was so cold. Or the time of ice and snow when Fikert had to climb onto the jib of a crane vessel that was at least 50 meters high. "Naturally, you curse situations like these," says the 37-year-old. "But, on the other hand, that's what makes the work here so varied and interesting."

Working conditions were often "interesting" as well. Older passenger ships have very small tanks to store water or oil. "And since the ships used to have round shapes, there are rooms that get increasingly smaller, narrower and more tapered," said Fikert. "Spaces that hardly anybody can crawl into." Bad luck then for anybody who is small and not too fat, because they are selected for "missions" of this kind. "You can't put a man who weighs 150 kilos in a hole that can only fit 30 kilos." In the light of this situation, Oleg Kogtev is quite relieved that he is neither particularly small nor of delicate stature.

Radical rationalization naturally also took place at Blohm + Voss over the last few decades. The shipyard, formerly nicknamed "Mother Blohm" because anybody looking for work found it here, has laid off thousands of workers. Only 1400 employees are employed today in Repair and Shipbuilding. "There's a lot more pressure these days," says Manfred Fikert. "The repair deadlines are getting shorter and

shorter and the work more and more complex. We always had to deliver a certain standard of quality, but now the quantity is being pushed up all the time."

For this reason, temporary workers are hired during peak periods and this sometimes results in a reunion with former colleagues who have found work here. Nevertheless, it is already foreseeable that there will soon be problems replacing welders. "The majority of colleagues, almost all of whom are Turks, have been working for our company for decades and are due to retire shortly," says Manfred Fikert. This was why Oleg Kogtev had got his chance. "He was a temporary worker when we met him and we tempted him away immediately."

Unemployed persons have gone back to school to learn to be welders. "Go back to school" describes it exactly. "You need more and more theory before you can even start welding," says Oleg Kogtev. "There are so many new steels, precious metals and plastics and every material has to be treated in a different way."

He too is currently attending a training school – to get a master's certificate in welding. There are only very few who know what techniques to use in what circumstances. "There are more and more people who can only weld after being told what to weld and how to weld it, and only a small group who knows how it all fits together."

Oleg Kogtev definitely wants to be one of this small group. Although he will probably soon be in possession of his master welder's certificate, he remains modest. "I know my limits. I still have a lot to learn."

"JUST AS LONG AS THINGS DON'T COME TO HALT!"

Port captain Jörg Pollmann on old tubs as death traps, the deepening of the Elbe and other highly controversial matters

Okay then, shove the ship over to us!" Port captain Jörg Pollmann gives his colleagues in Stade the go-ahead. The freighter in question can be towed to Hamburg and repaired here. The people in Stade are glad to see the back of the bulk cargo ship. Because this old tub is a real death trap – and the marine employers' liability association banned it from leaving the port on safety grounds. What makes things all the more difficult in this case: the freighter sails under the Maltese flag, has a Greek owner and a Korean classification company. A mixture that Jörg Pollman just loves, as he comments with irony. And which promises one thing: a whole lot of trouble.

"It wouldn't surprise me if the International Transport Worker Union ITF got in touch, because shipowners don't usually bother to take proper care of the crews on substandard ships," says Pollmann. Before he grants permission to enter the port, the 42-year-old nautical engineer has covered himself by checking with the shipowner, the marine employers' liability association, its flag country and the classification company. The Greek shipowner had to guarantee, in the form of a bank surety, that the money for demurrage and the repairs was lying ready. "I need to know that I will get rid of the ship again," says Jörg Pollmann.

Nevertheless, the number of substandard ships that enter the port is constantly on the decrease. This is because the "Port State Control" checks safety standards worldwide. And Germany has also undertaken to inspect freighters. And the ports exchange information as to what ships they have checked. "Anyone who enters four or five ports in Western Europe is bound to be checked at some point," says Pollmann. "The ship-owners now know that we won't release their old tubs until all the faults have been eliminated – even if takes ten years." Such death traps will never disappear altogether, suspects Pollmann. "But they are mainly in use in those places where people can't afford high standards and environmental regulations: in the Third World."

Anyone who has any dealings with the port of Hamburg can hardly avoid contact with the Higher Port Authority and its chief Jörg Pollmann because, as port captain, it is his job to ensure the "safety, smooth running and environmental safety of shipping traffic." This covers almost all ships, from the container ship to the launch, from the tanker to the sportsboat. "We are to ships what the traffic authority is to car drivers," he says.

Pollmann loves solving problems by finding a final solution that everybody can live with. A good example of this: the controversy surrounding the Dutch tugs that compete with the Hamburg tug companies on their own territory – under EU directives, all perfectly legal. Nevertheless, the tugs of the Dutch neighbor failed to satisfy the safety requirements that apply in the port of Hamburg. Until then, the only tugs used were licensed as ocean-going vessels. Finally a solution was found: for example, the Dutch had to fit additional VDUs for traveling in reverse. Port law was amended to take account of the new directives. This is because Hamburg is the only German port that was given rights over the national waterways by the federal government.

It's only natural then, that Pollmann is often seen as the big bad man of the port, at least for a short while, as he says with a laugh. Because, later on, nearly everybody is happy again after they notice that the port captain genuinely tries to find a solution that will suit everybody. There was a whole lot of fuss, for example, about the high-speed ferries. Pollmann initially refused to give the catamaran a permit. For good reason: when the ferries reach the jetties at high speed, the pontoons rise and fall by one meter. For the sake of comparison: with a giant container ship, this is 25 centimeters. In some cases, the steel plates linking the pontoons flew out. "If you walk alongside along a pontoon, and a

steel plate comes flying around your ears, it's not exactly what you would be expecting," says Pollmann dryly.

Together with the operator and experts, it was agreed to make improvements in design and the catamaran was given a permit with a differentiated range of speeds.

Simulators play an increasingly important role in the event of changes in the port. Even before the new Altenwerder container terminal has been completed, marine engineers must ensure that the giant container ships can easily enter the terminal.

An exact check is made in the simulator of exactly how the wall of a quay must be designed, what the size of the turning areas and what the fairway width must be. The data on maneuvers were supplied to Pollmann and his colleagues by the Maersk shipping line that currently operates the world's largest container ships with a loading capacity of more than 6600 TEU and a maximum draft of 14.50 meters.

The fairway is put to the test in the simulator using a ten-meter grid. How do ships react during wind force 10, with bad visibility, with and without tugs? The virtual result: in the Köhlbrandbogen, the shipping passage had to be widened by 20 meters and the turning areas were designed so that future container ship generations will also be able to turn round there.

In the simulator, the freighter drifted close to the pontoons with the tugs. "This creates a huge wake that could cause a situation where the tugs break free and follow the freighter." This will not, of course, happen. This is because the tug pontoons have been transferred to Neumühlen.

The Elbe was deepened in some places to a depth of 15.30 meters. "When Altenwerder goes into operation, we will get a bit too close to the Elbe Tunnel," says Pollmann. And, for this reason, the Elbe Tunnel will be given sheet piling on both sides as a type of cover.

The deepening of the Elbe will remain a constant subject of discussion. Pollman would also like to find an "intelligent solution to this long-running problem". Because he can understand both points of view: the desire of shipowners who want their giant container ships to set sail for Hamburg without problems and the fears of environmentalists who warn of increased risks of flooding and ecological problems. "We cannot simply pick

up a spade and then just start digging!"

One result of these conflicts has been the lowering of a type of understructure into the Elbe. "On the route between Wedel and Cuxhaven, the shipping passage has a depth of only 14.40 meters, however, we let in ships that have a draft of 15.10 meters," says Pollmann. But this only works if you tell the ships exactly how and when to enter the port. "Ships must come in when the water is rising with a tidal wave, like a surfer," explains Jörg Pollmann. A very strange idea, imagining a 100,000-ton ship as a "surfer". The tidal wave carries it over the shallower points of the fairway. When leaving the port, the freighter must have a maximum draft of 13.80 meters. They are carried over the understructure at high tide. But even today, many giant container ships cannot leave the port of Hamburg with a full load. This is why many shipping companies are calling for a decision to be made soon. Because the construction of a new deepwater port in Wilhelmshaven does not mean that the huge ships will no longer come to Hamburg.

"Things must not be allowed to come to a halt, that would mean the end of the port of Hamburg," says the port captain. For the 42-year-old from East Frisia, it is perfectly natural to start thinking about the things today that will become important in the future. For this reason, he tended to run his port authority more like a private company. He has no time for bureaucrats wearing oversleeves. "We may be government officers," says the port captain, "but we certainly know what's going on in the outside world."

"IN THE WIDEST SENSE, I AM A PORT WORKER TOO"

Actor Martin Pasching talks about his love of Hamburg, ferry no. 73 and "see-men"

Martin Pasching and Hamburg clicked immediately, when the actor was travelling to his new place of work, the Musical Theater, with ferry no. 73 for the first time. He was really excited. After all, it was his first major part and the leading one at that – as Buddy Holly in the musical of the same name.

He got in at the landing piers and could already see the giant tent on the other side, right next to the Blohm + Voss shipyard. "The sun was shining that day, like it sometimes does in Hamburg," says the 31-year-old from Vienna. "A great welcome."

Even today, he never gets tired of seeing the river Elbe, the port and the ships. "Hamburg is simply the gateway to the world. At home in Austria, it takes a long time in a ship before you get to the sea."

He fell in love twice over: with the city – and with a woman. "I haven't been able to see much of Hamburg yet because I've been working so much." But what he has seen, he finds fascinating. "Where else can you find a lake right in the middle of the city?" And the port. "You didn't need to spend a lot of money to experience a lot of different things, the port itself was a sight worth seeing."

The landing piers alone. You felt like you were on a ship when you walked along the swaying 700-meter long pontoons. Or if you took a walk past the windjammer "Rickmer Rickmers" or freight ship "Cap San Diego", two vintage ships that remain permanently in Hamburg. This was where the grand transatlantic ships and ferries to England used to dock and where, today, only the HADAG steamers, port launches and excursion boats

still tie up. Passengers used to buy their tickets in the 200-meter-long building behind the landing piers and then wait until their ship reached a seaside resort. The touristy atmosphere remains. Today there are souvenir shops and restaurants. Nevertheless, there is still a hint of the big wide world. Especially since the ferry to England has got a new terminal not far behind the fish market and there are always huge ships visiting Hamburg.

The "fish market" is something that strikes a chord with Martin Pasching. "That is something worth seeing," when "Eely Dieter" throws bargain-priced fish into the cheering crowd in the early hours of a Sunday morning. What he would like best of all would be to live here, looking directly onto the river. "But probably it's not much fun being wakened by the market criers at four o'clock every Sunday morning."

But then he could go straight from his flat to the beach at Övelgönne or visit the port museum. "You're lying somewhere on the Elbe beach and then, suddenly a huge ship goes by and you can't see anything else, because this huge ship seems to cover the sky, that is quite fantastic," raves Martin Pasching.

There was still so many things that the actor wanted to explore. This summer he'll make a point of not missing the performance of the legendary "Hamburger Jedermann" against a fantastic backdrop in the midst of all the warehouses and canals. "I am so pleased that the port is becoming more and more of an event location," said the actor. "In the widest sense, I am a port worker too." And this was not only because he was wearing a typical sailor's undershirt. The theatre dressing room was a container, Pasching showered in a container and the props were kept in a container.

He was less enthusiastic about the port anniversary in May when more than a million people pushed their way across the landing piers. He never saw anything of the "tugs' ballet" when these – not exactly delicate – ships did a waltz, saw nothing of the windjammers that paid a visit. But the rumpus all around him got on his nerves. "One of my first shows was at the time of the port anniversary. Since the walls are not that thick, some very strange noises could be heard just when it came to the love scene between Buddy and Maria."

The ninth and final Buddy Holly is also not very happy when he talks about the captains of "his" ferry line 73. They were just like "bus-drivers on water". Never a good word to say – if they even spoke in the first place. That wouldn't even have been the worst. But there are big gaps between the ferries and they don't always sail on time. Many a time he had only seen the back of the ship, although he had arrived on time. "Then I had to walk through the old Elbe Tunnel which took me at least half an hour." Nevertheless, for him – and for the majority of people from Hamburg and for the tourists – the Elbe Tunnel was a "high-light". This tunnel, built in 1912 and with art nouveau tiles, was one of the emblems of the Hansa city. It used to be the main link to the Elbe islands for the workers from the port and shipyards in the same way that the new Elbe Tunnel and the harbor ferries is today. For this reason, Pasching's comparison with "bus-drivers on water" is not really that far off. After all, captains of harbor ferries are not entertainers like the ship operators on the tourist launches that offer trips round the harbor.

The season has ended for "Buddy" and for Martin Pasching too. He would still prefer to stay in Hamburg. "Even if I am now no longer a port worker," says the man from Vienna smiling, "I still want to be at least a 'see-man'."

"PEACE, PLEASURE, PANCAKES"

Barkeeper Josephin Schüttauf on Lehmitz Bar and St. Pauli

When she was a little girl, her father took over the Lehmitz Bar; that was at the beginning of the 1970s. And, of course, Josephin Schüttauf sometimes came to visit her "Daddy" in the bar. It was frequented by dockhands and other port workers, and rough men just back from the sea. People laughed and drunk here. But what do we mean by "drunk": a real man has no problems knocking it back to the last.

In the Lehmitz Bar, people were always laughing and enjoying themselves. It was not unusual for men and women to get up and dance on the huge counters that went straight through the whole bar. And little Josephin loved what was called the "Kiez". As a little girl, she was in and out of Herbertstraße, a street normally off-limits to all women except prostitutes. Her grandmother owned a couple of houses here. "Everything was so nice and harmonious," Josephin Schüttauf remembers. She found it all fascinating. And decided: "When I grow up, I want to be the barkeeper in the Lehmitz Bar."

She stuck to her word. Aged 41 years today, she had taken over the bar at Reeperbahn 22 in 1987. Her father had a long since given it to a different tenant.

Josephin took her time. She was the first in the family to learn her trade and went to a college for hotel and catering, although it was unlikely that she would need these skills in the Lehmitz Bar.

By the time Josephin came back to the Kiez, the atmosphere had changed completely. The seamen and dockhands were gone. The laydays of the ships were too short to allow much time to be spent on

land, and there were only 5000 dockhands left. New breeds of serious drinkers stood at the counter: punks, squatters from the Hafenstraße, trendies and tourists all found themselves hanging around here. It was a time of political struggle and hard times on the Kiez – and this was reflected in the music. Heavy metal and rock thundered through the Lehmitz Bar.

The bar remained legendary. Especially its trays filled with small glasses of Tequila that cost 99 pennies each. Unforgettable, the times that followed the opening of the Berlin Wall. "Ossis" – people from former East Germany came to the Reeperbahn in their distinctive "Trabbi" (Trabant) cars. Many proprietors on the Kiez had their own East-West policy, Josephin did too. As far as she was concerned, one East German mark was worth the same as one West German mark. And her barmen found the Trabbis parked in front of the bar so cute that they suddenly picked one up and carried it in. There was pandemonium.

It must have got spread around the world that, in the late hours, drunken guests would dance on the tables and that sometimes a man, or more probably a woman, would suddenly do a strip. After all, this was the Kiez.

But, as it is with legends, they can be completely misunderstood. One evening, a small tourist bus stopped in front of the door and out poured some completely sober Englishmen. They headed straight for the counter where anybody with an alcohol level less than 2 immediately stood out. The new arrivals thought that they knew what was expected of them in the Lehmitz Bar. With deadly serious expressions, they took off their clothes, got onto the counters and started to dance. That must have been one of the few moments when members of the Lehmitz community were stuck for words.

Josephin also met her husband through the Lehmitz Bar. One evening, a musician from Austria introduced himself because he wanted to play in her bar. He never went away again. He and Josephin became a couple and had two sons. For years, Josephin worked and toiled. "The first thing I thought of in the morning was the Lehmitz Bar, in the evenings, before going to sleep: the Lehmitz Bar and, in between the children, my family ..." When other people were celebrating, the boss was always working.

There was trouble with the customers more and more often, sometimes the windows got broken, sometimes there were fights. "All that really got me down. I couldn't stand it any more." She suddenly felt: "I'm missing out on everything: parties, dancing through the night, simply living."

The bar for serious drinkers still exists today. Josephin's ex-husband kept it after the divorce. She herself has gone for a complete change of scenery and has opened a small and cozy "Club Surreal" on Erichstraße. Her Goa Bar, decorated with Indian scarves, seat cushions and joss sticks, is more of a place to be at peace and relax or "chill out". And the only people who go in there are those who are "into peace", translated by Josephin as into "peace, pleasure, pancakes".

Josephin's change of scene is not unusual in St. Pauli. More and more new clubs have opened alongside the favorite haunts of cheating, touting and swindling drinkers and drunks. Hamburg's youth are starting to take over this district. And this applies not only to bars and the music scene. It is very "trendy" for the upwardly mobile in the advertising or new media sectors to have an office, flat or even a whole loft in the Kiez. The market has responded to this development: rents are becoming exorbitant. It is just a slight exaggeration to say that it almost makes no difference to people whether their new home is situated in classy Eppendorf or in St. Pauli.

And the Kiez has long since become the number one not only for bad sex but also for excellent entertainment. There are several theatres that line the Reeperbahn: the Operetta House with its musicals, St. Pauli Theater offering comedy or music theatre, the Tivoli and Schmidts.

In the morning, when the nighttime illuminations have been extinguished and, with them the shabby glamor of the neon advertising, the place can be seen as it really looks. Most of the people in St. Pauli don't belong to the trendy scene. A higher than average number of the district's residents live on social security or casual work without any great prospects for the future. Worlds separate them from their new neighbors. Josephin Schüttauf is not indifferent to this gap. She wants to do her bit to ensure that local residents are given more respect and more opportunities. There is a highly original and hopefully very effective way of achieving this and it is called "St. Pauli resort management".

The project is as crazy as it is convincing, as weird as it is simple. Hamburg's sinful and dirty mile has simply been declared to be a "health resort". Visitors can pay the typical "resort taxes" normally charged by spas and health resorts – and, really, this is a "must" culturally. Because no matter who pays these taxes – whether people from Hamburg or visitors from elsewhere – in return they receive a small booklet filled with vouchers for redemption in the so-called "resort facilities". These are all the bars and shops that participate in the resort management system – like the Lehmitz Bar. What's on offer might be, for example, a cup of coffee in a trendy café, a discount on a cocktail in a bar or even a condom. For people who don't know their way around the Kiez, the voucher booklet offers the perfect guide.

The money collected in the process is distributed to local projects at half-yearly intervals. Admittedly, these small amounts are only a drop in the ocean. But "resort management" nevertheless offers a glimmer of hope, as Josephin Schüttauf believes too. "It's a long time now since the Kiez used to be like a family. But maybe it will be like that again sometime soon."

GORKIY
MAXIM

INHALT